Michel Bugnon-Mordant

# LE LIVRE DU SANG

*Sven et l'Ancien Testament*

# Michel Bugnon-Mordant

Michel Bugnon-Mordant est né en 1947 en Suisse. Docteur ès lettres, professeur émérite de langue et littérature anglaises, il est l'auteur d'ouvrages de géopolitiques reconnus, d'un roman historique, de préfaces, de chapitres dans des ouvrages collectifs et d'un nombre signalé d'articles dans des magazines, des journaux et revues.

## *Le livre du sang*
### Sven et l'Ancien Testament

Publié par Le Retour aux Sources

www.leretourauxsources.com

© Omnia Veritas Limited – Michel Bugnon-Mordant – 2020

Tous droits réservés. Aucune partie de cette publication ne peut être reproduite par quelque moyen que ce soit sans la permission préalable de l'éditeur. Le code de la propriété intellectuelle interdit les copies ou reproductions destinées à une utilisation collective. Toute représentation ou reproduction intégrale ou partielle faite par quelque procédé que ce soit, sans le consentement de l'éditeur, de l'auteur ou de leur ayants cause, est illicite et constitue une contrefaçon sanctionnée par les articles L-335-2 et suivants du Code de la propriété intellectuelle.

| | |
|---|---|
| PRÉFACE DE LAURENT GUYÉNOT | 9 |
| I | 23 |
| II | 37 |
| III | 50 |
| IV | 62 |
| V | 77 |
| VI | 94 |
| VII | 117 |
| VIII | 133 |
| IX | 153 |
| X | 166 |
| XI | 187 |
| XII | 214 |
| REMERCIEMENTS | 221 |
| ÉDITIONS LE RETOUR AUX SOURCES | 223 |

# Préface de Laurent Guyénot

Au second siècle de notre ère, Marcion de Sinope, inspiré par saint Paul, affirmait l'incompatibilité du dieu d'Israël et de celui du Christ. Il élabora le premier canon chrétien, dont il exclut la Bible hébraïque. C'est lui qui donna au mot grec *évangélion* le sens qu'on lui connaît. Sa doctrine « a envahi la terre entière », se plaignait vers 210 Tertullien de Carthage, inventeur de la Trinité. Au quatrième siècle, combattue par l'orthodoxie triomphante sous tutelle impériale, l'église marcionite fut reléguée dans l'hérésie et se fondit dans d'autres courants influencés par le dualisme perse, tous rejetant l'autorité de l'Ancien Testament.

Imagine-t-on ce que serait le christianisme si l'église de Marcion n'avait pas succombé à ses ennemis, mais au contraire eu gain de cause ? Nous sommes aujourd'hui tellement habitués à considérer que l'Ancien et le Nouveau Testament forment une seule et même Bible, que nous avons bien du mal à concevoir la résistance que cette idée a suscité jusqu'à la fin du Moyen Âge—résistance toujours réprimée avec une violence digne de Yahvé.

Pourtant, il suffit de lire l'Ancien Testament, le *Tanakh* juif, pour saisir le problème. Mais qui le lit ? Bien peu de monde. Jusqu'à une époque toute récente, il était fortement déconseillé aux chrétiens de le lire par eux-mêmes, sans la guidance d'un gardien autorisé de la foi. C'est que les chrétiens trop indépendants d'esprit risquaient d'y trouver matière à d'angoissantes questions, et d'en développer une aversion pour cette divinité psychopathique qu'on leur affirme être le Créateur du Ciel et de la Terre, et le Père aimant de toute l'humanité.

Comment est-ce possible ? Comment Dieu peut-il parler comme il le fait dans la Bible hébraïque, ordonner, encore et encore, le massacre de populations entières, hommes, femmes, vieillards et enfants compris, pour délit d'idolâtrie ? Est-ce Dieu qui terrorise jusqu'au peuple qu'il prétend aimer particulièrement—pour une raison bien mystérieuse—, ordonnant qu'on empale au soleil les renégats qui osent épouser des femmes étrangères (Nombres 25,4) ? Il y a mille raisons de s'indigner que cette cruelle divinité tribale ait pu être confondue avec le Dieu d'amour que prêche le Christ.

Mais il faut, pour les saisir pleinement, lire l'Ancien Testament avec un regard neuf. C'est ce à quoi nous invite ce beau roman d'utilité publique. L'auteur nous fait partager le cheminement d'un homme vierge de toute influence chrétienne, enraciné dans la culture gréco-latine, et découvrant avec stupeur ce livre étrangement sacralisé par ses contemporains. Ce personnage nous sert de guide, et son bons sens nous aide à nous débarrasser à notre tour des habitudes séculaires qui nous empêchent de voir l'Ancien Testament tel qu'il est vraiment.

Il y a de nombreuses bonnes raisons d'entreprendre et de recommander ce travail de désintoxication. J'en ai donné une dans mon livre *Du yahvisme au sionisme*[1] : la lecture de la Bible hébraïque sans les lunettes de l'exégèse

---

[1] *Du yahvisme au sionisme, Dieu jaloux, peuple élu, terre promise : 2500 ans de manipulation.* Laurent Guyénot, KontreKulture.

chrétienne nous permet de saisir l'essence du projet sioniste, car c'est dans la Bible que les élites dirigeantes d'Israël puisent, depuis Ben Gourion au moins, leur roman national et leur programme géopolitique.

Il y a aussi beaucoup à gagner pour quiconque s'intéresse à l'histoire du christianisme, tant il est vrai que l'Église fut, au Moyen Âge classique notamment, partagée entre l'esprit de l'Évangile et celui de la Torah. Paul Sabatier, auteur d'une magnifique *Vie de saint François d'Assise,* dit d'Innocent III, son contemporain : « sa religion lui venait plus de la Bible que de l'Évangile, et s'il rappelle souvent Moïse le conducteur des peuples, rien en lui ne fait songer à Jésus le pasteur des âmes. » En effet, il est difficile de concilier les croisades de ce pape, qui aboutirent à la destruction complète des civilisations byzantine et occitane, avec l'Évangile, mais il est facile d'en retrouver l'inspiration dans le Pentateuque et les Livres des Rois.

Mais il me semble que la raison suffisante d'une remise en question de la sainteté de l'Ancien Testament est tout simplement l'amour de la vérité. Pour quelqu'un qui place l'existence d'un Être suprême au sommet de la vérité, démasquer l'imposteur est une démarche libératrice. Car rien n'a plus nuit à la croyance en Dieu que la grotesque caricature qu'en dresse l'Ancien Testament. Si Yahvé est Dieu, alors non merci ! Telle fut, historiquement, la logique de l'athéisme occidental. C'est en citant l'Ancien Testament que les Encyclopédistes ont dénigré la foi chrétienne, et je suis convaincu qu'en dernière analyse, c'est bien Yahvé—le « Saigneur » selon le jeu de mots de l'auteur—qui a ruiné la foi en Dieu.

J'ai lu ce roman avec un grand plaisir et, bien que convaincu depuis longtemps de la toxicité de la Bible hébraïque, j'y ai trouvé bien des idées et des points de vue nouveaux. En abordant ce sujet austère sous la forme d'un roman, avec deux personnages riches et attachants, l'auteur l'a rendu accessible et captivant, sans nuire à la profondeur de l'analyse. C'est un livre que j'aurais aimé écrire moi-même, si j'avais eu le talent littéraire de l'auteur.

Laurent Guyénot,
le 11 novembre 2018

*Ce livre n'aurait jamais vu le jour si je n'avais rencontré Sven Hannes Sigursson. Ce sont ses idées, son analyse si singulièrement riche et subtile qu'on y peut lire. Ma part, fort modeste, aura consisté en peu de choses : traduire, arranger, expliciter ; parfois susciter. Il aura fallu le témoignage de cet homme exceptionnel, libre de tout préjugé, aux connaissances à la fois larges et singulières, pour que le document le plus influent de l'histoire soit réévalué, placé dans sa perspective la plus logique et, pour longtemps, estimé à sa valeur exacte pour quiconque garde l'esprit ouvert et libre. C'est ainsi que le mien, que je n'ai cessé de maintenir tel mais qui est celui d'un chrétien, fut mis à rude épreuve par les considérations de Sven.*

*Je rencontrai Sven Hannes Sigursson un après-midi de mai, au cœur de l'Islande, sur les rives de la Thjorsa, entre le hourvari de son cours et le fracas d'un torrent aux eaux transparentes et glacées. J'avais parcouru déjà une vingtaine de kilomètres à l'intérieur de ce pays qui inquiète et fascine et je m'apprêtais à franchir ce que j'imaginais être un gué d'accès innocent, lorsque, sans doute épuisé par ma trop longue marche, je ne résistai pas au flot bouillonnant du fleuve. Mon pied glissa, mon équipement disparut, avalé par la bête rugissante. J'allais à mon tour être emporté lorsqu'une main puissante m'agrippa, m'entraîna vers la rive comme elle l'eût fait d'un fétu et me déposa sans ménagement sur la terre froide. Hébété, encore sous le choc, je repris haleine, écartai de mes yeux mes cheveux trempés et levai la tête. Au-dessus de l'espèce d'épave dégoulinante que je figurais, se tenait un homme de haute taille, bâti en colosse. Un vague sourire trahissait l'amusement irrité que lui procurait mon aventure : celle d'un étranger romantique, venu en ces lieux pour y débusquer le frisson de l'imprévu, mais incapable d'affronter seul les périls d'une nature tyrannique et sublime.*

*Je fis de la tête un geste qui se voulait de gratitude. Je tentai de me lever, mais mes jambes se dérobèrent et je retombai lourdement. La même poigne me saisit et me mit debout. Je titubai et me fusse effondré à nouveau si le géant qui me soutenait n'avait possédé une force comparable à celle du fleuve dont il m'avait tiré. Me serrant contre lui, il me traîna plus qu'il ne m'emmena. Nous dûmes marcher ainsi environ dix minutes. Je n'avais qu'une conscience floue des choses, tant la fatigue agissait sur moi telle une eau de vie dont j'aurais abusé. Je distinguai à peine une sorte de cabane en bois, une porte qui s'entrouvrait, un intérieur clair et sobre. Je fus jeté sur un lit et je m'abîmai aussitôt dans un sommeil sans rêve.*

*À mon réveil, j'éprouvai une sensation de bien-être délicieuse, semblable à celle que l'on ressent après trois ou quatre nuits de repos ininterrompu. Mes paupières trahissaient une lourdeur bienfaisante qui me dissuadait de les soulever. De fait, j'attendis plusieurs minutes avant de m'y résoudre. Enfin, j'ouvris les yeux et regardai autour de moi.*

*Je me trouvais dans une pièce assez vaste, toute en bois, dont deux parois étaient tapissées de livres du plancher jusqu'au plafond. Les tranches s'effaçaient dans la pénombre à mesure que le regard s'élevait, car les deux fenêtres de la pièce étaient obscurcies par d'épais rideaux à demi tirés. Entre les deux parties de la bibliothèque, un fauteuil invitait à la lecture, et je ne pus m'empêcher d'évoquer aussitôt une forme assise là, fumant la pipe et lisant au cours de longues soirées hivernales, lorsque les frimas blanchissent la campagne et que la tempête mène la sarabande.*

*Je me levai et tirai les rideaux. Le jour pénétra dans la pièce et l'éclaira d'une lumière apaisante, révélant un petit bureau en bois non loin du lit, près de la porte close. Au dehors régnait un calme délicieux, tel que les habitants de nos villes occidentales n'en ont plus qu'un lointain souvenir. Un verger minuscule jouxtait un potager recouvert d'un voile. Une palissade entourait ce jardin. Au-delà, la nature étendait son règne brumeux et froid vers la forêt et le fleuve qui avait failli m'être fatal. L'envie me gagna de m'asseoir et de m'abandonner à la contemplation de ce spectacle serein. Mais l'image de mon sauveur surgit et je me dirigeai vers la porte.*

*Je pénétrai dans une manière de cuisine au centre de laquelle un poêle dégageait une chaleur molle, propre à rasséréner le chasseur à la fin d'une journée d'affût. Devant une cuisinière à bois brûlante, le géant à qui je devais la vie s'affairait. À mon entrée, il se retourna tranquillement. Ses lèvres esquissèrent le sourire vague que je connaissais. De la main, il me fit signe de prendre place à une grande table, sur un banc de bois qui courait le long du mur, sous une large fenêtre donnant sur une allée. J'obtempérai. La faim me tenaillait. Mon hôte devait s'en douter puisqu'aussitôt il déposa devant moi une assiette fumante, ainsi qu'une cuillère et un morceau de pain aussi gros que son poing.*

*Je mangeai avec ravissement une soupe aux légumes dont chaque gorgée accroissait ma vigueur. Je voulus questionner l'homme, l'inviter à partager mon repas, mais je songeai que, sans doute, il ignorait ma langue. Je lui souris et fis un geste auquel il répondit par un signe de dénégation. Se dirigeant vers un buffet, qu'il ouvrit et dont il tira deux bols, il dit quelque chose dans ce parler sibyllin et singulièrement séduisant de l'Islande. Quand il revint vers la table, je répondis en français qu'à mon grand regret je n'entendais pas sa langue. Il était évident que nous nous trouvions dans un état de mutuelle incompréhension. Je tentai alors de m'exprimer en anglais, puis en allemand. Enfin j'eus recours aux quelques mots d'italien et de russe rescapés de mes études passées. Quel ne fut pas mon étonnement lorsque, après un silence qui confirmait que ces langues lui étaient hermétiques, il prononça une phrase que je reconnus aussitôt : « Acta est fabula. »*

*Ces paroles, les dernières que prononça l'empereur Auguste sur le point de mourir, me firent sursauter. Spontanément, je lui demandai dans la langue des anciens Romains si le théâtre antique lui était familier, car c'était par ces mots que se terminaient les représentations. Il se lança alors dans un monologue qui m'abasourdit. Dans un latin classique aisé, respectueux de la syntaxe et proche, pour autant que nous puissions en juger, de la prononciation originelle, il m'expliqua ce qu'avait été sa vie. Fils de chasseurs et de pêcheurs, il avait grandi dans cette partie isolée de l'Islande, une des plus sauvages qui fût. La seule visite que sa famille reçût jamais était celle d'un vieil oncle, professeur à la retraite, féru de grec et de latin. Il avait appris à l'enfant des bribes de ce dernier, puis, distinguant en lui d'indéniables dispositions, il s'était mis en tête de le lui enseigner pour de bon. Pendant dix ans, ils ne s'étaient entretenus ensemble qu'en latin. Si bien qu'à la mort de l'oncle, le jeune homme qu'était devenu son neveu parlait couramment cette langue réputée morte et qui revivait à travers lui. Du vieil homme, il avait hérité la bibliothèque et, entre deux parties de chasse ou de pêche, ayant choisi de vivre seul une fois ses parents disparus, il passait des heures à lire Cicéron, Virgile, Horace, Sénèque, Plaute et Terence. Je lui appris que j'enseignais, moi aussi, le grec et le latin, et que j'avais pratiqué celui-ci avec un moine bénédictin. Il me pria de lui expliquer ce qu'était un moine bénédictin. Nous eûmes alors une très longue conversation, au cours de laquelle j'en appris davantage sur cet homme au parcours singulier et au savoir plus singulier encore.*

*Le cours de l'histoire, manifestement, s'était arrêté pour lui à la fin du deuxième siècle de notre ère. Du christianisme, il ne connaissait que le nom évoqué ici et là par des auteurs anciens, notamment par Celse dans son traité* Contre les chrétiens, *paru vers 160, traité qu'il avait à peine parcouru. Quant aux événements qui avaient succédé à la mort de l'empereur Marc-Aurèle, ils lui étaient, sinon inconnus, du moins indifférents.*

*Extraordinaire paradoxe que l'existence de cet homme vigoureux, à l'intelligence vive : au cœur de l'Islande moderne, il se tenait à l'écart du monde, ignoré des autorités, comptant sur ses seules forces pour sa subsistance, Romain égaré dans un siècle technologique qu'il ne connaissait pas et ne tenait pas à connaître.*

*Dans sa bibliothèque, nul livre d'histoire, de géographie, de littérature, sinon de littérature latine. De Livius à Fronton et Apulée, rien ne lui était étranger. Il avait lu et relu le* Bellum Punicum *de Naevius, les* Annales *d'Ennius, les tragédies de Pacuvius, les comédies de Plaute et de Terence, les* Sententiae *d'Appius Claudius Caecus. Caton lui était auteur de chevet, la prose oratoire de Tiberius et de Caïus Gracchus n'avait pour lui nul secret, pas plus que l'œuvre immense de Cicéron, les milliers de vers de* l'Énéide, *des* Bucoliques *et des* Géorgiques *de*

*Virgile, Catulle et sa poésie amoureuse, Lucrèce et* son De Rerum Natura, Horace et ses Odes *qu'il pouvait, à peu près toutes, réciter par cœur. Si Ovide ne le laissait pas indifférent, il ne l'enchantait toutefois pas autant que sa vigueur et sa robustesse d'homme des bois l'eût laissé supposer. Sa vie était relativement vide de femmes, même si les choses de l'amour ne le prenaient pas au dépourvu. Je crus saisir qu'au hasard des rencontres, il s'abandonnait parfois aux délices de la sensualité, mais que ces choses-là ne l'obsédaient point. Imbu de son indépendance, épris d'une liberté sans entraves, il préférait la solitude aux chaînes souvent savoureuses d'une existence conjugale non dépourvue de chausse-trapes.*

*Nous passâmes plusieurs semaines ensemble, dans sa cabane au milieu de la forêt, tandis qu'au loin le fleuve précipitait ses flots tumultueux. Nous devisions à toute heure du jour et de la nuit. Assis auprès du feu, dans la pièce qui servait à mon hôte de bibliothèque et de bureau, nous revivions les heures glorieuses de Rome, et celles de la Grèce qui lui était moins familière. Tantôt nous parcourions le forum ou la Via Appia, tantôt nous pénétrions au cœur de la Maison dorée de Néron, rétablissant au passage la vérité à propos de cet empereur égaré mais dont les réels mérites avaient été insidieusement escamotés par ses ennemis qui en sculptèrent pour les siècles suivants une image passablement déformée : non, il n'avait jamais mis le feu à Rome ; non, il ne condamnait pas à mort de simples citoyens parce qu'il en éprouvait le désir. Il tenait au contraire à connaître des procès en cours et le soir, il se purifiait et ne dormait de la nuit afin de pouvoir prononcer en toute connaissance de cause une sentence exemplaire et équitable. La justice de Néron était, en effet, proverbiale. Ces vérités figuraient en toutes lettres dans Suétone qu'en l'occurrence on pouvait croire, tant son hostilité aux empereurs du premier siècle était évidente.*

*Je fus frappé par la froide objectivité de mon hôte. Il n'était pas question pour lui d'idéaliser le passé. Il savait aussi bien que moi que les hommes ont été autrefois ce qu'ils sont encore aujourd'hui : faillibles, décevants, odieux, mais également capables de splendeurs. Il n'encensait nullement Rome, mais il admettait que les hommes d'Italie avaient, en ce temps-là, fait montre de grandeur. Je m'efforçai de lui offrir des siècles qui suivirent la disparition du père adoptif de Marc-Aurèle un aperçu exact. À mon étonnement, il ne parut guère intéressé. Les millénaires écoulés jusqu'à nos jours l'indifféraient. Je lui expliquai le lent effilochage de Rome (qui ne sembla guère le surprendre), le triomphe des Barbares, les dynasties franques, le Saint Empire romain germanique, les rois de France et d'Angleterre, la Révolution française, Napoléon, la découverte de l'Amérique puis la naissance des États-Unis et les conséquences néfastes qu'elle eut pour le monde.*

*Là, il m'interrompit. « Vous avez mentionné à plusieurs reprises, dit-il, un livre au destin que vous jugez fabuleux, livre que vous appelez la Bible. De quoi s'agit-il ? »*

*Lorsqu'il eut compris qu'il s'agissait de l'ouvrage religieux le plus influent de l'Histoire, il insista pour le lire. Le cœur palpitant, le croyant tiède que j'étais encore pour peu de temps s'empressa de répondre à son souhait. « Je n'en ai point d'exemplaire avec moi, dis-je, mais je vous promets de vous en faire parvenir un dès mon retour. » Il se réjouissait, poursuivit-il, de le consulter. Il se promit de le faire avec un œil neuf, ce qui lui était aisé, d'ailleurs, puisqu'il n'en avait pratiquement jamais entendu parler. Je lui fis part de ma perplexité.*

*« Les Juifs, dans l'Empire d'Auguste et de Tibère, ne*

*manquaient pas de citer la Bible, vous avez donc fatalement rencontré ce nom, lui fis-je remarquer. » Il demeura un instant silencieux. « Vous avez raison, dit-il enfin, je crois bien que la secte chrétienne – l'une de ces innombrables congrégations venues d'Orient, que les Romains ne prenaient guère au sérieux – se référait à cet ouvrage ; mais il m'avait toujours paru sans intérêt, de même que les chrétiens eux-mêmes. »*

*Je pris congé de lui à la fin de l'été. Il me serra longuement la main. Je conservai longtemps la mémoire de cette poignée de main, puissante et franche. Fidèle à mon serment, je lui fis envoyer un exemplaire de la Bible. Trois années passèrent et j'avais pris mon parti d'un silence que je pensais définitif, lorsque, au début de la quatrième année de mon retour chez moi, en février ou mars, je fus réveillé un matin par le facteur. Il m'apportait un mince dossier, que j'ouvris impatiemment. Sur l'enveloppe figuraient des timbres portant mention de l'Islande et je sus alors que j'avais eu tort de douter de la parole de Sven Hannes Sigursson. Dans un latin que n'eût pas renié Cicéron, il commençait à exposer en quelques dizaines de pages d'une écriture serrée et fine sa perception du livre que des millions d'hommes considèrent comme sacré. J'employai ma journée et la matinée suivante à la lecture de ce simple préambule qui ne laissa pas de me fasciner. Je reconnus l'acuité de jugement de mon hôte, l'audace de son analyse, l'exactitude de son intuition (d'après Coleridge, la plus haute forme de l'intelligence). Je décidai aussitôt de publier les pages que je venais de dévorer. Je renonçai à l'idée de le faire en latin et entrepris de les traduire.*

*C'est du résultat de ce travail effectué avec conscience que l'on peut prendre connaissance dans les chapitres qui s'ouvrent. J'y ai adjoint des notes et remarques personnelles. Non que j'estime mes propres idées dignes de figurer auprès de celles de Sigursson, mais parce que la complexité et, disons-le, l'étrangeté de sa pensée nécessitent parfois un éclaircissement. On pardonnera mes insuffisances, mais on appréciera, j'y compte, à sa juste valeur, la contribution de mon Romain d'Islande, érudit et sage, à notre compréhension de la nature et du monde.*

# I

Permettez-moi au préalable, cher ami, écrivait Sven Hannes Sigursson, de préciser dans quelles dispositions d'esprit j'ai abordé la Bible.

Pour moi, cela demeure l'ouvrage d'un peuple, d'une culture, d'une mentalité totalement étrangers à mon propre entendement de l'univers. Ayant hérité de nos ancêtres grecs, romains et, plus proches encore de moi, scandinaves, le sens de la tolérance et un stoïcisme que Sénèque, sans toujours l'appliquer lui-même, illustra néanmoins avec tant de grandeur, je lus les pages que je commente ci-après libre de tout parti-pris, un peu à la manière dont le chasseur que je suis observe un feuillage ou estime la taille d'un cerf. Je ne pris d'ailleurs pas la peine de consulter la note liminaire des évêques ni l'introduction détaillant la Genèse, l'Exode, le Lévitique, les Nombres, le Deutéronome, les livres historiques, les livres sapientiaux et les Prophètes, mais je me plongeai dans ces écrits afin d'en obtenir une perception pour ainsi dire crue. J'entends par là qu'il me semblait essentiel que je reçusse ce livre si fondamental comme le nouveau-né reçoit la vie : d'un coup, sans préparation mentale, dégagé de tout appareil critique et descriptif. Ainsi eussé-je fait d'un récit légendaire que m'eût offert un habitant des steppes russes ou des montagnes du Japon. J'appliquai aux textes dont vous m'assurez qu'ils ont changé la face du monde l'impartialité que requièrent les contes de toute sorte : ce qu'ils disent relève du mythe, mais les effets qu'ils induisent ne sauraient être négligés ou moqués. Bons ou mauvais, ils font emprunter aux individus comme aux peuples des chemins qui, souvent, croisent les nôtres.

L'origine de l'univers, telle que la décrit la Genèse, outre les récits similaires mésopotamiens, n'est pas sans évoquer nos propres récits fondateurs, ceux de la saga nordique ou de la mythologie grecque transmise par Homère, Hésiode, Pindare et les tragiques. Pour ces derniers, à l'origine était Chaos, le vide infini d'où jaillirent les ombres infernales nommées Erèbe, ainsi que Nyx, la nuit. Ce néant primitif qu'était Chaos préexistait à tout ce qui advint par la suite, que la Bible décrit comme création à partir de rien (*ex nihilo*). Pour les Grecs, rien n'existe vraiment tant que n'apparaît pas Cosmos, qui veut dire Ordre, car sans organisation il n'est ni monde ni quoi que ce soit qui vaille, tant il est vrai que l'univers est une authentique *mise en forme*. Pour nous, hommes du Nord, Hyperboréens fils d'Apollon, l'origine du monde est également vide absolu, mais aussi lieu où s'abîment les deux royaumes de Niflheim, au septentrion, espace de glace et de neige, et de Muspell, au sud, où, au milieu du feu et des flammes, Surt le Noir brandit son épée ardente, avide d'embraser l'univers. À Niflheim coule Hvergelmir, fleuve qui engendre Elivagar, les onze rivières qui déversent leurs eaux dans Ginnungagap, le vide primitif.

Le néant originel de la Bible est lui aussi « informe et vide » et « les ténèbres couvraient l'abîme ». Nulle différence avec Chaos ou Ginnungagap, sinon le « souffle de Dieu » planant sur les eaux. Car là où les formes évoluent d'elles-mêmes, ici, un dieu prépare, en exhalant son souffle (pardonnez-moi la tautologie), les transformations à venir. Des ombres primitives grecques sont issus le jour, Héméra, l'air, Aether, et, enfantés par Nyx, la nuit, les Moires,

Morphée, Kères, Eris, Thanatos, Hypnos, Tyché et Némésis. Sur le vide, nul n'agit ; mais de lui, tout provient. Pour la Bible, en revanche, avant que n'existât la terre, même déserte et dépourvue de forme, rien n'était, sinon Dieu. De rien, il créa - verbe proche de *crier* - et ce faisant, il *dit*. Rien n'accéda à l'existence qui ne fût dit par Dieu : « Dieu dit : "Que la lumière soit !" Et la lumière fut. » « Dieu dit : "Qu'il y ait un firmament entre les eaux, et qu'il les sépare les unes des autres." Et il en fut ainsi. » « Dieu dit : "Que la terre produise de la verdure, des herbes portant semence, des arbres fruitiers de toute espèce, donnant sur terre du fruit contenant sa semence." Et il en fut ainsi. » Si le silence préside à l'avènement de toute chose pour les Grecs et les Nordiques, la voix de Dieu résonne dans la Bible.

On peut s'interroger sur la différence de perspective inférée de la sorte.

L'image d'un dieu artiste, observant sa création et la trouvant bonne, est indiscutablement élégante et poétique. Il n'en demeure pas moins que d'un point de vue philosophique, elle introduit un doute fatal. Si Dieu « vit que la lumière était bonne », ce qui le convainquit de la séparer des ténèbres, c'est donc qu'il n'avait point *appréhendé* encore la qualité de ce qu'il créait. La perfection dont il est paré aurait dû en établir la nécessaire préconception : point besoin de constater *par la suite* que la lumière, par l'excellence de son éclat, méritait d'être détachée des ténèbres. Ultérieurement, d'ailleurs, Dieu agit de même. À la fin de chaque jour, il voit que ce qu'il a fait est bon, comme s'il n'avait pu en être certain préalablement. Voilà ainsi un dieu à tous égards bien humain. Les artistes également, parmi les hommes, constatent *après coup* si ce qu'ils ont fait naître d'une idée pareille à une graine dans leur cerveau est ou n'est pas digne d'éloge. De manière identique, l'homme accorde aux gestes, aux œuvres, aux produits fabriqués, aux arts l'existence par la parole. C'est parce que je *dis* oui ou non que quelque chose est accepté ou pas et donc finit par exister ou pas. C'est parce que le maître *enjoint* à un élève de résoudre un problème de mathématiques que ce dernier inscrit sur le papier des chiffres et fait surgir une solution. C'est parce qu'il en couche sur des plans le projet, qu'il en commande les éléments, qu'il ordonne aux ouvriers de suivre tel ou tel cheminement qu'un architecte édifie au-dessus d'un fleuve ombrageux et vorace un pont gigantesque. Les auteurs de la Bible, en somme, ont créé un dieu à l'image des hommes.

Pouvait-il en être autrement ? Est-on capable d'élaborer quoi que ce soit qui ne procède de ce qui existe déjà ? Le monstre le plus composite, né de l'imagination d'un génie, n'est que l'assemblage de morceaux déjà entrevus dans la nature.

*Je fus frappé, ici, par la similitude de jugement entre Sven et Edgar Allan Poe, poète que mon ami islandais ne pouvait pas connaître et dont il ne pouvait avoir entendu parler. Dans l'un de ses essais, effectivement, - ou est-ce une lettre, j'avoue ne pas m'en souvenir avec exactitude – Poe émet la même assertion : rien de ce qu'un artiste invente n'est véritablement original puisqu'il n'est capable, quel que soit son génie, que d'assembler des éléments existant dans l'univers.*

*Mais Sven Hannes Sigursson poursuit.*

La création artistique la plus extraordinaire se rapproche, par son développement, du processus organique naturel. Elle met toutefois en jeu une matière, des substrats, des particules préexistants, inhérents à l'univers. Ce dieu, que la Bible ne décrit pas, est nécessairement *indescriptible* puisque, inventé par l'homme, il ne saurait différer, dans ses parties constituantes, de ce que nous connaissons. Il ne serait donc pas Dieu. Comme nous ne saurions avoir une connaissance effective d'un tel dieu, s'il existait, aucun auteur, à l'exception de Dieu lui-même, ne serait en mesure de le décrire. Il faudrait donc admettre, par hypothèse, contre toute vraisemblance, que ce dieu-là a écrit ou dicté la Bible.

Adoptons, provisoirement, cette hypothèse. Quel est ce dieu – de toute évidence produit par l'homme, je le répète – qui anime la Bible ? Le dieu artiste, jugeant son œuvre avec l'impartialité critique de tout génie, ne laisse pas de m'enchanter. Il est d'autres aspects, en revanche, qui me le font redouter.

« Faisons, dit-il, l'homme à notre image, selon notre ressemblance ». Est-ce ce même homme à l'image de Dieu qu'il tire de la poussière, ce qu'il ne manque pas de lui rappeler (« C'est à la sueur de ton visage que tu mangeras le pain, jusqu'à ce que tu retournes à la terre dont tu as été tiré ; car tu es poussière et tu retourneras dans la poussière »), non sans avoir, auparavant, tendu sous ses pas un piège dont il ne se relèvera pas ? Mais Dieu fait mieux : poussière tirée de la poussière, la femme jaillit d'une côte de l'homme, à jamais inférieure, donc, d'ailleurs prompte à toutes les faiblesses, à toutes les trahisons, ainsi que le démontre l'épisode du fruit défendu.

C'est là que prend corps ma désaffection pour le Dieu de la Bible.

Dieu est père. Quel père aurait-il la cruauté de dire à ses enfants : « Mes enfants, je vous aime par-dessus tout ; cependant, j'ai planté, au cœur d'un jardin sans égal, un arbre en forme de piège. Touchez à ses fruits et ce sera votre perte. Je n'ignore pas qu'il vous sera sans doute fort difficile de ne pas y toucher, impossible même, mais c'est comme cela, vous êtes avertis. » Ce piège, en quoi était-il irrésistible ? La phrase divine est terrible dans sa cynique simplicité : « Tu peux manger, dit-il à Adam, du fruit de tous les arbres du jardin ; mais le fruit de la connaissance du bien et du mal, tu n'en mangeras pas, car du jour où tu en mangerais, tu mourrais certainement. » Du même coup, ce dieu d'amour révèle à sa créature bien aimée deux fléaux de la vie terrestre : la tentation et la mort. Il fait surgir, de par sa seule volonté, un jardin superbe, dans lequel l'existence pourrait s'écouler sans heurt, dans les délices et l'amour, et il glisse au milieu de ce paradis le *mal*, dont nulle puissance dans l'univers n'eût jamais exigé qu'on l'invitât parmi les hommes : sous la forme de la tentation d'abord, de la mort ensuite - cette limite infranchissable à la vie qu'il n'a aucune raison légitime de tracer, sinon par pure cruauté, par malicieux désir d'exercer sur ses créatures sa toute-puissance de Dieu créateur de toutes choses.

Quant à l'arbre du bien et mal, de quoi s'agit-il ? Du pouvoir que Dieu possède seul de décider de ce qui est bien et de ce qui est mal ? Qui le forçait à tolérer le mal, voire à le faire naître ? Ce mal existant, parce que lui seul en a décidé ainsi, que n'a-t-il offert à l'homme le discernement nécessaire qui lui eût permis de l'éviter et, à sa place, de faire toujours le bien ? Peut-être est-il plutôt question de cela, précisément : le discernement. Les fruits de l'arbre accordent la clairvoyance, la puissance d'éviter toujours le mal, et cela, Dieu ne pouvait le tolérer. Avons-nous donc affaire à un dieu jaloux de ses prérogatives, enclin à craindre que sa créature ne lui dispute son empire ? Quel dieu *humain*, alors, il faut bien le reconnaître ! Et si, malgré tout, il est ce dieu tout-puissant que la Bible dépeint, quelle *perversion* de sa divinité l'amène-t-elle à persécuter l'homme qu'il est censé avoir créé *par amour ?* Se serait- il dit : « L'homme et la femme seront trop sereinement heureux dans mon jardin, faisons que le mal soit, afin que le spectacle des malheurs qui en découleront me distraie » ? Ce dieu-là, dès lors, ne rejoint-il point le panthéon des monstruosités ?

Non content, cependant, de prendre au piège l'homme et la femme, il les punit, au-delà de toute proportion acceptable, d'y être effectivement tombés. La faute qu'ils ne pouvaient point ne pas commettre, il la fait payer aux générations suivantes, et ce, jusqu'à la fin des temps. Les hommes empreints d'une certaine sagesse se refusent généralement à faire retomber sur la tête des enfants les fautes, aussi abominables soient-elles, commises par les parents. Le Dieu de la Bible, lui, jette sa malédiction éternelle sur tous les descendants du premier homme et de la première femme ! Ce que son humble créature se retient souvent d'accomplir, le créateur n'hésite pas à le perpétrer ! Il suffit de se remémorer les avanies de l'histoire, d'observer les souffrances quotidiennes de notre vie pour admettre qu'un dieu aussi cruel – pour autant qu'il existe – ne mérite ni considération ni indulgence.

À la lumière de ce qui précède, l'épisode de Caïn et Abel s'éclaire.

Ce dieu soi-disant de justice devrait aux deux enfants d'Adam et Eve même affection, et donc même traitement. Or, voici que sans raison, il établit entre eux la barrière de *l'iniquité*. Les premiers nés du troupeau d'Abel, le berger, sont accueillis par Dieu. Y a-t-il à cela quelque raison avouée, du moins objective ? Non point. De son côté, Caïn, qui cultive la terre créée par Dieu, lui fait don des fruits de son labeur. Dieu les dédaigne. L'offensé demande à Dieu une explication : « Si tu fais le bien, répond Dieu, tu pourras te relever. Si tu agis mal, le péché est posté à ta porte et te guette ; mais toi, domine-le. » Comment justifier pareil arbitraire ? A Caïn, l'humiliation sans cause ; à Abel, la reconnaissance divine. A Caïn, la chute (« tu pourras te relever ») ; à Abel, l'honneur de voir ses présents acceptés. C'est au premier qu'il incombe de faire le bien, d'éviter le péché qui, une fois encore, est tapi dans l'ombre - pourquoi ? – et l'épie ; c'est le second qui est dispensé de vexation, de peine, d'effort, de risque. Comment expliquer l'humiliation et le châtiment démesuré qui accablent Caïn ?

Ayant autorisé le mal, ce dieu orgueilleux et jaloux doit se résoudre à le laisser sourdre de partout. Cette terre qu'il a créée *ex nihilo* a connu le seul commencement qu'il soit disposé à tolérer. Abel, semblable en cela aux bergers d'Arcadie de notre tradition hellénique et romaine, ne fait que parcourir avec ses troupeaux l'espace qui lui a été imparti, n'y inscrivant rien sinon les pas de ses bêtes. Son frère, lui, maîtrise la terre, l'incise, la féconde, y bâtit des demeures, y crée les conditions d'un enracinement, prélude à l'édification de cités. La cité, au lieu d'être perçue comme hommage à Dieu, symbolise au contraire, on ne sait pourquoi, le défi à Dieu puisque l'homme, par une perversion de la perception divine, s'y montre *démiurge*. Ce qui, selon toute vraisemblance, irrite le créateur.

La colère divine contre les premiers hommes, coupables d'avoir mangé du fruit de l'arbre de la *connaissance* du bien et du mal, s'explique d'autant mieux que le meurtre d'Abel et la punition de Caïn en magnifient le sens.

Intermédiaire entre Dieu et les bêtes, l'homme, investi d'une étincelle du pouvoir suprême, qui lui vient de l'intention même de Dieu, en peut exprimer le suc. À partir de cette quintessence, aussi modeste soit-elle, il est capable de construire des répliques de la création. D'abord un simple espace cultivé, puis un vaste jardin aux multiples plantations, rafraîchi par de pétillantes fontaines, agrémenté de pavillons à l'ombre desquels se pâment des amoureuses, émoustillées par le chant d'oiseaux multicolores, ébaubies par les arpèges de cristal d'une musique nocturne. L'homme à même d'exécuter une telle œuvre ne saurait évidemment tarder à s'émanciper d'un dieu envieux et tout gorgé de vanité. À tout prendre, nos polythéismes, qu'il s'agisse du paganisme antique ou des grands récits scandinaves et germaniques, ont fait preuve de plus de sagesse que le monothéisme biblique. Prométhée figure la délivrance de l'homme, prenant son envol loin de la tutelle pesante des dieux. Une tradition, étrangère à Hésiode, lui attribue le mérite d'avoir, avec de la glaise, façonné le premier homme (voilà qui relativise l'originalité biblique). Les hommes, après tout, eussent-ils écrit, dans l'anonymat, des ouvrages fondateurs comme l'est la Bible, ne sauraient traduire les choses autrement qu'en êtres humains, élaborant l'histoire à partir d'un matériau qu'ils connaissent : glaise, poussière ou autre.

Le rôle déterminant de Prométhée se manifeste néanmoins sous une autre forme, tout aussi grandiose. Au cours d'un sacrifice rituel, il trancha un taureau, en fit deux parts et invita Zeus à en choisir une. Le plus grand des Olympiens voulut se réserver le gras, mais, écartant les voiles qui dissimulaient son lot, n'obtint que des os. Le gras fut donné aux hommes. Rempli d'amertume, Zeus les châtia en leur retirant le feu. Prométhée, une fois encore, vint à la rescousse. Il vola une parcelle du feu et l'offrit aux victimes de la colère de Zeus. Qui peut ignorer que le feu représente l'authentique instrument de l'humanisation ? À partir de la flamme enfin dominée, l'homme se distingua de l'animal. Il put faire cuire ses aliments, obtenir le fer, la fonte, tourner des objets, forger des œuvres d'art, édifier des temples. Caïn eût pu, lui aussi, rejoindre cette cohorte d'émancipés de la divinité : il convenait donc qu'il fût abattu avant que son exemple se répandît. Cultivateur du sol, il représente le premier pas vers le geste créateur, geste que le dieu de la Bible se réservait à lui seul. Il est le planteur, le civilisateur, le conquérant, le bâtisseur d'empires, Alexandre et César, Tamerlan, et l'empereur dont vous m'avez parlé : Charlemagne.

L'image d'un dieu injuste et éloigné de la perfection proprement divine qu'il revendique se double de celle d'un dieu incohérent. « Le seigneur, est-il écrit, vit que la méchanceté des hommes était grande sur la terre, et que toutes les pensées de leur cœur étaient sans cesse dirigées vers le mal. » Mais qui avait créé le mal ? Qui avait permis que celui-ci sévît ? Avons-nous affaire à un dieu autoproclamé tel, mais dont l'espace qui le sépare de la perfection qui sied à un vrai dieu le force à composer, à inventer des formes, des sentiments, des pulsions qui, auparavant, n'existaient pas ? Aurait-il, détenteur d'un pouvoir considérable dont il ne maîtrise pas l'ensemble des composants, enclenché quelque chose qu'il n'était pas en mesure d'arrêter ? Auquel cas, il ne serait qu'un puissant, supérieur aux hommes, certes, disposant des forces de la nature, mais incapable d'en canaliser les effets.

En aucun cas un dieu.

Pas le dieu absolu, du moins, infaillible, soucieux du bien de ses créatures qu'il se proclame. Ayant cédé au tourment qui l'assaillait de donner au mal, en tant qu'opposé du bien, substance et forme - de même qu'un enfant gâté frotte quelques allumettes afin d'en observer les effets, - il finit par constater que la créature qu'il avait engendrée et prise au piège du mal lui avait échappé et donnait libre cours aux instincts que lui-même, le dieu impeccable, avait instillés en lui. S'en repent-il ? S'efforcet-il de corriger les excès que son inconséquence a causés ? Que nenni. Après le dieu *inique*, après le dieu *incohérent*, après le dieu empli de *vanité*, voici le dieu *caractériel*. « Le Seigneur se repentit d'avoir créé l'homme sur la terre, et il en eut le cœur affligé ». N'avait-il donc point prévu que sa créature favorite, hantée par le mal auquel elle n'eût point songé d'elle-même, y céderait souvent, commettant les pires ignominies ? Quel dieu insuffisant, donc ! Que se résout-il à faire en réaction ? Quel remède apporte-t-il au mal qu'il a enfanté ? Il entreprend simplement d'effacer ce qu'il a créé ! ce qu'il a permis ! « J'effacerai, dit-il, de la surface de la terre l'homme que j'ai créé, ainsi que le bétail, les reptiles et les oiseaux des cieux, car je me repens de les avoir faits. »

Tel un enfant trop choyé qui, parmi ses cubes de bois, en voit de rongés par la moisissure et abat à coups de pied les tours, les bâtiments, les parcs qu'il avait construits en jouant, Dieu, impatient d'éradiquer le mal qu'il a lui-même introduit dans l'univers, noie tous les hommes, quelque innocents que nombre d'entre eux soient susceptibles d'être. Il va même au-delà : en quoi les animaux, qu'il a tirés du néant afin qu'ils animent la terre de leur présence, auraient-ils démérité ? Le tableau universel avait-il déchu au point que le peintre dût en venir à déchirer sa toile d'un geste rageur, brisant ses pinceaux, jetant ses tubes de couleurs aux immondices ? Quel insupportable garnement, manifestant un caprice aussi inacceptable, ne subirait, en justes représailles, de la part de ses parents, un châtiment qui lui ôterait le goût de recommencer ? A ce trait de caractère, intolérable chez un humain, Dieu ajoute, une fois encore, l'arbitraire le plus absolu. Il choisit, parmi tous les hommes, Noé, qu'il décide d'épargner. Comme pour Caïn, c'est sans raison objective que sa main protectrice se pose sur tel plutôt que tel autre. Noé était « un homme juste, intègre au milieu des hommes de sa génération. » Était-il le seul ? Pourquoi, dès lors, lui et non un autre ou plusieurs autres ou tous les autres ? Une réponse ambiguë est apportée : « Il marchait avec Dieu. »

Comment faut-il l'entendre ? Peut-être les autres étaient-ils justes et intègres *malgré* Dieu ? Non qu'ils eussent choisi d'ignorer Dieu, mais simplement parce qu'ils n'avaient pas conscience qu'il existât ? Pourquoi tant de rigueur à leur endroit ? On ne saurait être jugé responsable de ce que l'on ne connaît pas. Si Noé, habité par Dieu, lui obéissait en tout, était-ce parce qu'il *savait* ce que Dieu voulait ? Pourquoi lui le savait-il et pas d'autres ? D'où les autres hommes auraient-ils pu tirer l'enseignement de Dieu ? Auraient-ils dû le connaître intuitivement ? Et s'ils agissaient justement, avec droiture, tout en suivant un chemin différent, avaient-ils mérité l'opprobre ? Dieu d'intolérance, dieu inique, dieu caractériel, voilà comment devrait apparaître à quiconque est doué de raison le dieu de cette Bible, laquelle me semble le plus dangereux de tous les livres jamais écrits par les hommes.

*Cette dernière phrase, ponctuant une démonstration rigoureuse et limpide, ébranla mon âme au plus profond d'elle-même. Je réalisai tout à coup que des décennies d'endoctrinement avaient enduit ma raison, mon entendement, mon appareil discursif de principes qui, loin d'être invulnérables, se fissuraient aisément. Le système de pensée, le mode de discernement, la sensibilité qui m'avaient été en quelque sorte imposés par l'éducation chrétienne que j'avais reçue s'enlaidissaient tout à coup de lézardes fatales. Bien que je refusasse encore le dénouement tracé par Sven, je dus reconnaître que grandissait à mes yeux l'évidence d'une usurpation culturelle. Effectivement, la manière de concevoir l'univers et ce qui le composait telle que la Bible l'établissait me frappait à présent par son étrangeté. En tant qu'Européen, habitué à un raisonnement hérité d'Athènes et de Rome, le processus intellectuel au cœur de l'Ancien Testament subitement me choquait. Je n'envisageais pas encore de me rendre à l'argumentaire rationnel de mon ami islandais, mais je dus avouer que le socle de mon intelligence du monde tremblait sur ses bases.*

*Ce d'autant que Sven approfondissait sa démonstration.*

J'ai évoqué jusqu'ici l'attitude d'un lecteur attaché à comprendre une mentalité qui n'est pas la sienne, un peu comme un commentateur de texte le déchiffrerait sans adhérer au message qu'il véhicule. Mais mettons-nous un instant à la place de celui qui non seulement lirait la Bible mais aurait en elle une foi absolue.

Quel genre d'homme serait-ce ? Que ne serait-il prêt à accomplir afin d'appliquer la parole de ce dieu ?

J'en frémis !

Surtout si je songe que davantage qu'un homme, ce pourrait être un *peuple entier* auquel ce livre servirait de *référence* fondamentale. La violence de ce dieu et des principes qu'il brandit le rapproche, certes, de nos dieux grecs, romains et germaniques. Eux aussi sont souvent fourbes, injustes, jaloux, caractériels, possessifs. Mais les Grecs, les Romains, les vieux Germains, pas plus que la plupart d'entre nous aujourd'hui, ne prenaient véritablement *au sérieux* ces dieux bien trop humains. Surtout, ils ne se croyaient pas autorisés à tuer en leur nom. Homère, dans l'*Iliade*, s'en moque abondamment. De même que la nature abat sur la terre la violence de ses tornades, le brouhaha de ses vents soufflant en tempêtes, le hurlement des loups dévorant un agneau, la fureur d'un barrage qui cède parce que la montagne sur laquelle il s'appuyait s'ébroue, les dieux de l'Olympe ou du Walhalla transpercent de leurs flèches des familles entières, noient des troupes qui fuient, favorisent un homme au détriment d'un autre. Les dieux, ce sont les forces naturelles et ni l'*Iliade* ni l'*Odyssée* ni Hésiode et sa cosmogonie ni les *Edda* n'enjoignent à quiconque de faire de leurs proclamations ou de leurs agissements un absolu à suivre. Ce sont des dieux présents sur cette terre que nous habitons tous. Les hommes peuvent en rire, les prendre à parti, les maudire, car ils savent que sans eux, ces dieux n'existeraient pas.

Il en va différemment du dieu de la Bible. Les règles qu'il établit et que les hommes sont sommés de prendre à la lettre constituent un défi à la nature, à la raison, à la sensibilité même.

## II

*J'interrompis une fois encore ma lecture afin de méditer les paroles de mon ami.*

*Cette idée d'aborder la Bible de manière linéaire, sans connaissances préalables ni préjugés, d'y appliquer simplement son intelligence, sa logique, son honnêteté intellectuelle avait quelque chose de rafraîchissant. Le résultat, pour l'instant, s'il ne laissait pas de m'effrayer un peu, me comblait. Libérée du fatras d'érudition qu'ajoute au livre des Hébreux la foison de commentateurs, exégètes, docteurs, pères de l'Église, savants théologiens, l'appréhension de son contenu se faisait en moi ainsi que l'on se délecte d'un poème débarrassé de l'appareil critique de certaines éditions universitaires. Cet appareil a certes son utilité, mais il alourdit incontestablement la lecture et entrave la jouissance simple des mots, des émotions et des sonorités. Les analyses de Sigursson dessinaient déjà, dans toute son évidence logique et à mon immense confusion, un dieu inquiétant, cruel, injuste et vengeur qui, il faut bien l'admettre, s'accordait avec ce que l'histoire devait nous apprendre par la suite. La perception que j'en avais, héritage de la formation reçue dans mon enfance et durant mes années de scolarité, s'en trouvait, on le comprendra, passablement ébranlée.*

L'arbitraire divin, continuait Sven, s'inscrit une nouvelle fois dans le prolongement de l'épisode de Noé.

Ayant, à sa sortie de l'arche, planté une vigne et fabriqué du vin, Noé s'enivra. Étrange attitude pour un homme avec qui Dieu venait de nouer une alliance éternelle parce qu'il était censé être le plus sage, le plus méritant de tous les hommes. Noé entra dans sa tente et s'y dévêtit. Afin de couvrir la nudité de leur père, qui apparut à son fils Cham, ses deux autres fils, Sem et Japhet, à qui leur frère avait rapporté la chose, vinrent, à reculons pour ne pas voir leur père nu, couvrir celui-ci d'un manteau. A la confusion qui eût dû être la sienne quand il recouvrit ses esprits, Noé préféra la colère. Entendit-il punir Cham de l'avoir dénoncé à ses deux autres fils ? Voulut-il punir ces derniers pour avoir voulu, en dissimulant sa nudité sous un habit, fustiger son attitude ? Punitions discutables, certes, mais qui se fussent du moins conformées à cette logique un peu vicieuse qui semble être une marque de la Bible. Non, l'inique ressentiment de Noé s'abattit sur le fils de Cham, Canaan, innocent de tout ce qu'il venait de se passer. « Maudit soit Canaan, s'exclama l'irascible vieillard, qu'il soit le dernier des esclaves de ses frères ! »

Ainsi, le père de l'humanité nouvelle, incapable de contrôler ses pulsions (enivrement, rancœur mesquine), tourne sa vindicte contre son petit-fils, renouvelant de la sorte le geste de Dieu punissant toutes les générations issues d'Adam et Eve pour une faute que ces derniers avaient été impuissants à ne pas commettre !

Pis encore, il décrète que Dieu est le Dieu du seul Sem, établit une hiérarchie discutable entre les frères, attribuant à Japhet « de l'espace [...] dans les tentes de Sem », c'est-à-dire un lieu pour vivre en état d'infériorité, et condamne Canaan à n'être qu'un esclave au sein de sa fratrie. N'est-il pas naturel, dès lors, que l'on éprouve de l'angoisse à se savoir descendant de Noé et de sa famille, puisque c'est « d'eux que descendent les nations qui se sont répandues sur la terre après le déluge » ?

C'est à cet endroit de la Bible que se situe un épisode révélateur de la mentalité du dieu du Livre et de ses auteurs : l'épisode de Babel[2].

« Sur toute la terre, lit-on, il n'y avait qu'une seule langue, on se servait des mêmes mots. » Si l'on accepte l'idée scientifique que la tour fut initialement construite sous les souverains de la première dynastie de l'Ancien Empire assyrien, qu'en parallèle existaient les XIIe, XIIIe et XIVe dynasties du Moyen Empire égyptien, les cultures néolithiques des dynasties Hia (semi légendaires) et Chang (ou Yin) en Chine, les Hittites, les Indo-Aryens, les peuples noirs du Sahara (depuis 3000 avant notre ère), qui tous parlaient une infinité de langues et de dialectes différents, l'affirmation de l'existence d'une seule langue devient absurde, sauf à admettre que seul le peuple hébreu compte. Si l'on situe, ce qui est peu vraisemblable, l'allusion à la tour au temps de sa réfection par Nabuchodonosor, elle l'est bien davantage encore.

Ce qui ressort de cette assertion est d'une autre nature.

Babel étant le nom hébreu de Babylone, l'épisode désigne de toute évidence la civilisation babylonienne qui,

---

[2] La construction de la tour Elemenonki, ou tour de Babel, s'étend sur plusieurs siècles. Semblable aux nombreuses tours ou ziggourats élevées dans l'espace assyro-babylonien, elle semble avoir été érigée une première fois entre le XIXe et le XVIe siècle avant notre ère. Souvent améliorée, réparée, en particulier à l'époque de Nabuchodonosor II (604-562), elle est perçue par les Mésopotamiens comme un hommage au dieu Mardouk, et fonde l'alliance sacrée entre le ciel et la terre. Elle n'est jugée symbole de démesure que dans la Bible.

pour le peuple issu d'Abraham, symbolise un mode de vie fondamentalement antagoniste du sien. Le chapitre onze de la Genèse prolonge la double stigmatisation contenue dans les chapitres trois (« La chute originelle ») et quatre (« Caïn et Abel »). Vaniteux et jaloux, le dieu des Hébreux frappe sans pitié toute velléité, de la part de ses créatures « aimées », de créer à leur tour. Ce qu'il devrait accueillir comme un hommage, miroir, à la pâle mesure des hommes, des talents dont il les a dotés, il le perçoit comme une insupportable rivalité, une infraction à la loi d'exclusivité qu'il s'octroie. D'autre part, il jette l'anathème sur la diversité humaine, gage de richesse dont la source est au cœur des potentialités intellectuelles, sensibles, émotionnelles établies en l'homme par Dieu en personne.

Antithèses de ces deux « tares » inhérentes à leur nature émergent l'unicité réductrice, qui garantit la soumission de la créature à son créateur, et le nomadisme. Tentés, dans l'espace délimité du Paradis terrestre, d'extraire de celui-ci de quoi édifier quelque chose, à l'image de leur dieu et géniteur, Adam et Eve, s'appropriant les fruits de la connaissance, enfreignent le parti-pris d'exclusivité du Tout-puissant. Connaissants, ils deviennent capables de concevoir puis d'ériger une œuvre. Simple copie de celle de Dieu, certes, mais empruntant un processus créateur identique. Il convient donc, pour les punir mais également pour prévenir toute récidive, qu'aucune installation dans un nouvel espace clairement délimité ne puisse se renouveler. Adam et Eve sont donc chassés du Paradis et condamnés à l'errance. Il est logique que les Hébreux, peuple nomade, se soient reconnus dans le texte biblique puisque celui-ci loue l'errance des troupeaux sous la conduite de leurs bergers et vitupère le sédentarisme d'où est à même de surgir un processus de création.

Le chapitre onze est, à cet égard, lumineux dans son

énumération des étapes créatrices babyloniennes.

En premier lieu, l'expression du désir de faire œuvre. Établis dans une plaine, les hommes utilisent leur temps et leur savoir-faire à tirer de la terre le matériau qui servira à construire. « Allons, faisons des briques et cuisons-les au feu. » S'agrippant au sol qui les porte, ils élaborent un projet : « Allons, bâtissons-nous une ville et une tour dont le sommet atteigne les cieux. » Aux yeux du peuple nomade à jamais incapable d'une telle réalisation, l'érection d'une cité fait figure de provocation. Hostiles à Babylone, ville de grandeur et de beauté, les Hébreux ne sauraient admettre que l'on veuille bâtir une tour touchant aux cieux autrement que comme un aveu d'inadmissible orgueil dirigé contre leur dieu vaniteux et jaloux.

Y eut-il démesure dans la construction de la tour de Babel, ou dans celle de toute autre ziggourat dressée entre le Tigre et l'Euphrate ? Évidemment pas puisque l'objectif était de magnifier Dieu et de sacraliser l'alliance naturelle entre le ciel et la terre, entre la divinité et les hommes qui la servent. Qui plus est, la raison pour laquelle la tour fut érigée, raison invoquée par ses bâtisseurs, ne saurait donner lieu qu'à une seule interprétation, livrée par les Mésopotamiens eux-mêmes : « Ainsi, nous nous ferons un nom, de peur d'être dispersés sur toute la face de la terre. » Cette raison est précisément celle qui provoque l'ire des Hébreux.

Terrible aveu de haine, de leur part, pour la sédentarité !

Unis par une même histoire, une même langue, des mœurs semblables, les hommes de Babylone aspirent à l'inscription dans l'espace et le temps de leur identité propre. La dispersion, ferment d'éclatement de l'unité identitaire, est légitimement redoutée par tout peuple soucieux de laisser sur la terre une trace durable de son passage. Trace culturelle, gravant dans le marbre l'exclamation : « Nous sommes des humains », le rassemblement dans un espace donné d'une ethnie à même de laisser à la postérité empreintes et vestiges marquant sa spécificité constitue le socle de la noblesse et de l'accomplissement de ces animaux supérieurs que sont les hommes.

C'est précisément - cela transparaît presque à chaque verset - ce que le dieu de la Bible (et avec lui les personnages qui parlent par le Livre) hait de toute sa puissance.

Voyant la ville et la tour, Dieu dit : « Voici qu'ils ne forment qu'un seul peuple et ne parlent qu'une seule langue. » Désespoir de Dieu, pour qui unité culturelle et linguistique implique force et créativité, c'est-à-dire rivalité, provocation.

L'aveu suivant lève à cet égard toute ambiguïté : « S'ils commencent ainsi, rien ne les empêchera désormais d'exécuter toutes leurs entreprises. » Est ainsi pointé du doigt le péril d'une rivalité victorieuse aux yeux du monde, la confession d'une crainte suprême : que les hommes, réunis par des identités diverses sereinement proclamées dans des *entreprises* singulières, se libèrent de l'emprise des dieux et de leurs représentants. La réaction du dieu biblique est exemplaire dans sa cohérence cynique : « "Descendons pour mettre la confusion dans leur langage, en sorte qu'ils ne se comprennent plus les uns les autres." Ce fut de là que le Seigneur les dispersa sur la face de toute la terre, et ils arrêtèrent la construction de la ville. » Paradigme de la haine éternelle du nomade pour le sédentaire, l'épisode de la tour de Babel engage définitivement le peuple « élu » et son Livre dans une logique de déni de l'homme tragique tel que le peignent l'*Iliade* et l'*Odyssée*.

L'incompatibilité entre le peuple, les hommes de la Bible et les peuples de la civilisation européenne est signalée ici aussi nettement que l'est un gouffre entre deux parois rocheuses. D'un côté, les héritiers d'Homère, les enfants de Rome, payant souvent de leur vie leur indépendance vis-à-vis des dieux envieux et colères. Lancés dans le sillage du Destin, ils se balancent sur un fil ténu que les Parques peuvent à chaque instant trancher. Entre la naissance et la mort existent des épreuves sous le joug desquelles on peut se grandir en les affrontant. Contre l'injustice des dieux (ou du Destin, cette force implacable qui, pour les Anciens, accable les dieux eux-mêmes), la révolte, la lutte, les larmes, le rire élèvent, jusqu'à égaler le divin enfoui dans l'imaginaire des hommes. La soumission à un livre, à un prêtre, à un dieu ne saurait satisfaire. L'homme termine sa vie dans le sordide ? Opposons à ce dernier le *to kalon* : qu'en tout soit la beauté. Que l'homme allie la beauté et la bonté, que l'absence de la seconde ne fasse pas de la première une farce amère et ignoble. Que l'esprit de beauté crée des œuvres, ces *entreprises* qu'abhorre le dieu biblique. Qu'elles évitent la démesure des tentations dionysiaques, mais inclinent de préférence vers Apollon et son parti-pris de mesure et d'harmonie. Il n'est pas jusqu'au désir des femmes qui ne soit marqué du sceau de la beauté. L'exemplarité d'Andromaque, la sensualité tragique d'Hélène, la constance et la loyauté de Pénélope, la grâce effarouchée mais enflammée de Nausicaa ont pour pendant la bravoure, le sens de l'honneur, de la parole donnée, du sacrifice que manifestent les hommes. Dans l'adversaire, on respecte le guerrier qui accomplit même prouesse que soi, qui souffre et met sa vie en jeu comme on le fait soi-même. Tous différents dans leurs œuvres, leurs langues, leurs racines, leurs mœurs, les humains font tous face à la Mort, qui a raison d'eux.

Rien de tel chez les hommes de la Bible.

Une cruauté presque sadique imprègne les rapports entre Dieu et les hommes dévoués qu'il s'est choisis. Le discours que Dieu tient à Abraham au chapitre douze est révélateur. Il lui enjoint de délaisser pays, famille, maison et d'aller en un lieu étranger à partir duquel il fera de lui « une grande nation ». Non seulement Dieu exige de son serviteur qu'il lui obéisse aveuglément, mais il pose d'emblée un principe impérialiste, futur vecteur d'une tyrannie théocratique. « Je bénirai ceux qui te béniront, et je maudirai ceux qui te maudiront ». Binarité inquiétante, on en conviendra. N'établit-elle pas le cadre explicite d'une intolérance fondamentale, qui ne se pourrait mieux traduire que par le slogan : « Qui n'est pas avec moi est contre moi » ?

*Je fus frappé, à cet endroit de l'exposé, par la lucidité prospective de Sven. Le monde sait, depuis l'avènement du christianisme, puis de l'islam, combien le champ oppositionnel binaire s'est implanté partout, caractérisant notamment les relations politiques, aussi bien que religieuses ou idéologiques en général, dont le « you are with us or against us » de George W. Bush, en 2001, au moment où il lance sa « guerre totale contre le terrorisme », constitue l'archétype. L'analyse ultérieure de mon ami islandais devait être en tout point conforme à la clairvoyance de cette première observation.*

On ne peut que trembler, écrit-il, en songeant aux dérives d'un système aux termes duquel toute opinion, toute attitude, toute vision qui ne sont pas entièrement conformes aux principes qu'il manifeste sont condamnées d'avance et menacées des châtiments les plus effroyables. Le postulat de totalité doctrinale dont on ne saurait tolérer qu'il soit contesté est ici ouvertement exprimé : « Toutes les familles de la terre seront bénies en toi ». Ainsi, la future nation du dieu biblique, arbitrairement investie d'une mission d'autorité sur la totalité des ethnies terrestres, est d'ores et déjà assurée du soutien absolu du Créateur, lequel ignore avec superbe et mépris toutes représentations, aussi enrichissantes soient-elles, différant de l'unique représentation admise par lui. Quelque opération que ce soit, jugée nécessaire par le peuple élu dans son processus d'accaparement, est par avance légitimée. Le pays habité par les Cananéens est offert par Dieu à Abraham et les siens, sans égard pour ses légitimes propriétaires.

Poursuivant sa route de nomade, Abraham se dirigea vers le sud de la Palestine (le *Négeb*). Il gagna ensuite l'Égypte.

Civilisation remarquable, plus encore que la civilisation mésopotamienne, l'Égypte est, elle aussi, aux yeux du peuple élu nomade, objet de haine. Aussi, Abraham vicie-t-il ses futures relations avec les Égyptiens en les fondant délibérément sur un mensonge.

Prêtant à ses futurs hôtes de sombres desseins, conscient aussi, probablement, que la très jeune femme qu'il a épousée paraît fort incongrue aux côtés du vieillard qu'il est, il demande à celle-ci de se faire passer pour sa sœur. Le prétexte invoqué – « quand les Égyptiens te verront, ils diront : C'est sa femme, et ils me tueront tandis qu'ils te laisseront en vie » - laisse perplexe. Pourquoi prêter aux Égyptiens l'intention, qu'aucune pratique ne justifie, de vouloir attenter à la vie d'un homme parce que sa femme est trop belle ? De quelle beauté s'agit-il, par ailleurs ? Celle du corps ? Mais des femmes égyptiennes aussi belles que Saraï, il doit en exister des milliers, dont on ne tue pas les époux. Celle du corps éclairé par l'esprit divin ? Les femmes d'Égypte en sont-elles dépourvues ? Il se peut que telle soit, en effet, la pensée d'Abraham. Cela renforcerait alors le postulat de binarité intolérante posé par Dieu : la beauté du corps éclairée par celle de l'âme ne saurait être en dehors du peuple élu. Étant polythéistes, les Égyptiens sont, pour les Hébreux, *forcément* animés par les instincts les plus noirs, les passions les plus élémentaires. En l'occurrence, la jalousie, l'envie, le dépit les inciteraient à éliminer un homme dont l'épouse, trop lumineuse dans sa beauté issue de Dieu, serait sans équivalent chez eux.

La duplicité d'Abraham engage un processus – Pharaon, croyant en toute innocence que Saraï est la sœur de son invité, l'épouse – de la même espèce que celui qui a conduit Adam et Eve à leur perte. De même que la tentation d'Eve la fera *inévitablement* tomber, et Adam avec elle, dans le piège qui leur est tendu dans le Jardin d'Eden, le jeu pervers d'Abraham vaudra à Pharaon, qui ne s'est rendu coupable d'aucune mauvaise action, des malheurs aussi immérités que cruels.

L'innocence de Pharaon éclate dès sa découverte du mensonge d'Abraham. « Pourquoi ne m'as-tu pas dit que c'était ta femme ? Pourquoi as-tu dit que c'était ta sœur, en sorte que j'en ai fait une épouse ? » Pris dans les mâchoires du piège, Pharaon exprime son désarroi et son intention de réparer sur l'heure une faute qu'il a commise non seulement par ignorance de la réalité mais comme victime d'une machination perverse. « Maintenant voilà ta femme, reprends-la et va-t'en. » Entre-temps, Pharaon a payé pour la faute qu'il avait été insidieusement amené à commettre. Le choix qu'il fit d'une épouse en la personne de la femme d'Abraham, il le magnifia en traitant ce dernier avec noblesse et générosité. « Il traita bien Abraham, qui reçut des brebis, des bœufs, des ânes, des serviteurs et des servantes, des ânesses et des chameaux. » Pour le récompenser, Abraham, par l'intermédiaire de son dieu, « frappa Pharaon de graves plaies, ainsi que sa maison ».

L'intolérance sordide du dieu biblique et de ses créatures bafoue ainsi les lois les plus sacrées de l'hospitalité. La cause en est l'insupportable prétention du peuple élu à se prévaloir du soutien de Dieu pour accomplir les actes les plus iniques. L'Alliance d'Abraham et de son dieu aboutit à un vol pur et simple de territoires. Dieu dit : « Je donne à tes descendants ce pays, depuis le torrent d'Égypte jusqu'au Grand Fleuve, l'Euphrate : le pays des Quénites, des Qénizites, des Cadmonéens, des Hittites, des Phérézéens, des Rephaïm, des Amorrites, des Cananéens, des Gergéséens et des Jébuséens », ce qui équivaut à dire : « Je dépouille les légitimes occupants de ces territoires pour te les offrir, à toi et à tes descendants ».

La violence qui est ainsi faite à des peuples que les Hébreux spolient pour la simple raison que leur dieu en a pris la décision atteindra des proportions génocidaires, comme le montre le cas de Sodome et Gomorrhe.

Contre ces villes s'élève une « clameur » car « leur péché est énorme ».

Arrêtons-nous un instant à la notion de *péché*. Ni la tradition romaine ni celle des nations germaniques et scandinaves ne (re)connaissent ce concept, malsain en soi, qui désigne la *transgression consciente et délibérée de la loi divine* et qui découle de la première faute, celle d'Adam et Eve, faute, disons-le encore une fois, qu'ils *ne pouvaient pas* ne pas commettre. L'insanité de la loi d'un dieu *essentiellement* injuste étend tout manquement à son égard, avec la sanction qui en résulte, aux plus petites choses, instillant dans l'esprit du coupable le sentiment dégradant d'une responsabilité éternelle, que seule effacera la grâce arbitrairement accordée par Dieu.

Si Sodome et Gomorrhe sont accusées de transgression, il n'est en rien précisé de quelle sorte de transgression il s'agit. Si, comme le nom de Sodome le suggère, il est question de *sodomie*, ce « coït contre nature », voire entre un être humain et un animal, la ville de Sodome (et, accessoirement, Gomorrhe) est-elle l'unique cité à la pratiquer ? Admettons que l'acte sexuel contre nature, allié à d'autres débauches, ait été le grief central de Dieu contre les deux villes, étaient-elles les seules à s'en rendre coupables ? Les grands ancêtres bibliques ne montrent-ils pas un fâcheux exemple en matière de perversion sexuelle, sans que Dieu ne leur inflige un châtiment quelconque ? Lot, le « juste » sauvé de la destruction de Sodome, n'a-t-il pas engrossé sa fille aînée puis sa fille cadette, et ne donnèrent-elles pas naissance à deux monstres (dans la tradition européenne) : Moab, « père des Moabites », et Ben-Ammi, « père des Ammonites », inceste que la Loi biblique condamne par le ridicule mais ne punit pas ?

Quel que soit le crime de Sodome, méritait-elle l'annihilation totale, le sacrifice indistinct du juste et de l'injuste ? Les atermoiements qu'Abraham obtient de son dieu, lequel accepte, s'il se trouve quelques justes, d'épargner tous les autres, les justes fussent-ils cinquante, quarante-cinq, quarante, trente, vingt ou dix, ne dissimulent ni la perfidie divine ni l'indifférenciation dont Dieu se rend coupable. *Perfidie*, car, rompant sa promesse, Dieu détruira Sodome et Gomorrhe. *Indifférenciation*, car, sans se préoccuper du nombre effectif de « justes », hommes et femmes sans doute semblables à des milliers d'autres dans d'autres villes, ni plus ni moins faillibles ici qu'ailleurs, il fait pleuvoir sur une masse indistincte d'humains, *enfants compris*, le feu, le soufre et la stérilité.

*Une fois encore, la lucidité prémonitoire de Sven me stupéfia. L'intolérance génocidaire du dieu biblique annonçait, sans qu'il en ait eu encore connaissance, les fournaises criminelles et destructrices des bombardements contemporains. Elles préfiguraient le déluge de fer et de flammes qui, aux XXe-XXIe siècles de notre ère, rayèrent provisoirement de la carte du monde Hiroshima, Nagasaki, Dresde, Hambourg et d'autres lieux inestimables. Semblables en cela à Abraham et aux autres patriarches, Winston Churchill et ses complices n'hésiteront pas à massacrer dans d'atroces souffrances des hommes et des femmes aussi éloignés de la chose militaire, aussi impuissants à empêcher la guerre, aussi coupables (ou peu coupables) vis-à-vis de la « justice » divine que la majeure partie des habitants de Sodome et Gomorrhe. Que les adultes hurlent de douleur dans les flammes peut à la rigueur s'expliquer - quel adulte n'a-t-il point à répondre de quelque vilenie ? - mais les enfants ? Or, l'immonde intransigeance de Dieu, avant notre ère aussi bien qu'aujourd'hui, frappe cruellement l'innocence absolue des enfants. Quel dieu insensible et sadique peut-il livrer à la torture des flammes de petits êtres qui meurent dans l'incompréhension de ce qui les frappe ?*

*L'abominable et cruelle malice du dieu de la Bible est d'autant moins excusable que toute son entreprise est fondée sur un vice capital : le mensonge.*

# III

*Comme dans le Coran, le mensonge, dans la Bible, est valorisé dès lors qu'il vise quiconque n'appartient pas au peuple « élu ».*

*De cette évidence, Sven Hannes Sigursson présente l'analyse qui suit, particulièrement appropriée.*

Comment Abraham, comment les personnages de la Bible ne mentiraient-ils pas ? Dieu ment. Dieu ne cesse de mentir.

Mensonges assortis de sadisme.

Qu'est-ce d'autre quand Dieu enjoint à Abraham de sacrifier Isaac, son fils unique, et de se conformer ainsi à l'usage cananéen d'offrir en sacrifice son premier-né en l'immolant par le feu ? Et pourtant, Dieu réprouve cet usage, ordonnant (*Exode* 13 : 13-15) que le premier-né soit racheté. Il transforme ainsi le prix du sang en transaction commerciale.

Dieu sait donc qu'il suspendra le geste d'Abraham sur le point d'égorger son fils. Il le laissera accomplir les gestes du rituel jusqu'au seuil de leur ultime accomplissement, se servant de l'épreuve et des affres qu'elle entraîne comme pression psychologique. Quelle satisfaction lui apporte-t-elle, sinon la preuve, par l'angoisse, de sa prééminence, dont, s'il était vraiment le Tout-puissant, il n'aurait pas à solliciter continûment la confirmation ? « Je sais à présent que tu crains Dieu », dit-il à Abraham à l'instant où le couteau va plonger dans la gorge de l'enfant. Jouissance médiocre d'une supériorité qui a besoin de cette démonstration dramatique pour en rassurer le bénéficiaire ? Inscription perverse, en tout cas, d'un bonheur de dominer dans l'imperfection ontologique de celui qui s'en prévaut.

Mensonge, pour ce dieu-là, cruauté et sadisme vont donc tous trois de concert. Vanité d'un dieu peu sûr de son absolu pouvoir puisqu'il juge utile d'appesantir, lourdement, encore et encore, son emprise sur les créatures qu'il a façonnées. Comment s'étonner, dès lors, qu'Abraham le soumis, dont la postérité sera multipliée « comme les étoiles du ciel et comme le sable du littoral », reçoive la promesse de posséder à l'avenir « les portes de ses ennemis » ? Tous ceux qui seront déclarés tels, à tort ou à raison, seront nécessairement battus d'avance. Le dieu qu'Abraham et les siens servent sans sourciller sous prétexte qu'ils croient en lui punira ceux, venus d'autres horizons, qui refuseront de céder, leur foi s'ouvrant à d'autres dieux ou à d'autres valeurs. Les pratiques engagées par les préjugés divins se manifesteront dans ses agents, traduisant en actes perversité, cruauté, sadisme. Elles seront, parfois, simple défaut de générosité. A Isaac, Abraham donnera tous ses biens, n'abandonnant aux « fils de ses concubines » que de simples « présents », assortis d'une relégation hors de la présence de leur frère. De même, la stérilité de Rébecca, femme d'Isaac, ayant pris fin après qu'il eut imploré le Seigneur, celle-ci s'entendit assurer qu'en son sein étaient « deux nations », « deux peuples » qui « se sépareront au sortir de tes entrailles. » Deux peuples légitimement égaux puisqu'ils proviennent de la même source, de la même mère aimante. C'est méconnaître le dieu biblique, qui décrète « qu'un peuple l'emportera sur l'autre, l'aîné servira le cadet ».

Renouvelant le mensonge d'Abraham à Pharaon, Isaac, lui aussi, fit passer auprès des sujets d'Abimélec, roi des Philistins, sur leurs terres où il s'était établi, son épouse pour sa sœur. Percé à jour par Abimélec, il s'attira de justes reproches. Une fois encore, c'est innocemment que Rébecca eût pu être courtisée, comme peut justement l'être une sœur, ce qui eût attiré sur le pays des cataclysmes. Non content d'un mensonge aussi absurde que pervers, Isaac se révèle menaçant pour l'État. Face au pouvoir politique d'Abimélec, il développe un pouvoir économique qui lui assure un statut d'État dans l'État. Protégé par le roi, son hôte, il en profite pour grandir. « Son bien s'accroissant de plus en plus, il devint extrêmement riche. Il avait des troupeaux de moutons, des troupeaux de bœufs et de nombreux esclaves. » Abimélec, en garant de l'indépendance et de la souveraineté de son peuple, finit par réagir comme il se devait. « Va-t'en de chez nous, dit-il à Isaac, tu es devenu beaucoup trop puissant pour nous. » Ce que la Bible traduit insidieusement par : « les Philistins le jalousèrent. » Attitude déloyale, mais cohérente avec le parti-pris mensonger du dieu d'Isaac.

Les conséquences de cette attitude se feront sentir jusque dans les relations entre Ésaü et Jacob, ses fils.

Relations viciées dès le départ puisque s'instaure une rivalité due à des préférences malsaines : Isaac favorise Ésaü le chasseur, Rébecca Jacob le paisible. Le poison de la rivalité faisait son œuvre. Il ouvrit entre les deux frères non la porte de l'affection mais celle de l'intérêt. De retour d'une journée de travail dans les champs, Ésaü, voyant l'appétissante soupe préparée par son frère, le prie de lui en consentir. Jacob, cependant, quittant le mode fraternel, adopte celui de l'échange commercial, intéressé, pour tout dire mesquin. Profitant de la faim qu'éprouve son frère, il lui dit : « Vends-moi d'abord ton droit d'aînesse. » Le domaine noble et sain des sentiments, celui qui sied à deux frères, est ici abandonné au profit de celui, matériel, de l'escompte, de l'intérêt, dont on attend quelque avantage bénéfique à notre rang. Affamé, Ésaü fait fi de son droit d'aînesse et le cède à son cadet. Mais loin d'en faire état à leur père, les deux frères vivront dans le mensonge.

Leur mère en sera complice, ainsi que le montre l'épisode du repas (27 : 1-40). Isaac étant vieux et sa vue ayant baissé, il est incapable de reconnaître lequel de ses fils se tient devant lui. Avant de mourir, il sollicite d'Ésaü, qu'il croit toujours son aîné, qu'il lui rapporte de la chasse du gibier et le lui serve en ragoût. Témoin de la scène, Rébecca prend part à la tromperie. Elle envoie Jacob, son préféré, choisir deux chevreaux parmi les bêtes de leur troupeau et les prépare comme son mari les aime. Afin qu'Isaac ne s'aperçoive pas de la supercherie, elle revêt Jacob d'habits appartenant à Ésaü. Jacob se présente devant son père et confirme de vive voix le mensonge qui sous-tend toutes les relations des protagonistes de la Bible. « Je suis Ésaü, affirme-t-il, ton premier-né ; j'ai fait ce que tu as demandé. Redresse-toi, je te prie, assieds-toi et mange de mon gibier, afin que tu me bénisses. »

Ce ne sont point seulement les rapports interfamiliaux qui se trouvent ainsi contaminés, mais l'ensemble des rapports humains, qu'ils concernent les individus à l'intérieur du peuple de Dieu ou les relations qu'ils entretiennent avec les étrangers. Égaré, Isaac confirme qu'il croit bien avoir affaire à son aîné ; il le bénit puis fait honneur au plat qui lui est offert. Le toucher et l'odorat, suppléant la vue défaillante, ajoutent à la conviction d'Isaac : oui, c'est bien Ésaü, son fils aîné, qui se dresse devant lui et le nourrit selon son souhait. Lorsque la scène se répète, cette fois réellement avec Ésaü, qui, innocemment, propose à son père un « plat succulent », la machination se dévoile. Mais plutôt que de punir Rébecca et Jacob, les vrais coupables, et de substituer de la sorte la justice à l'injustice, Isaac amplifie l'offense. Le gibier qu'il a béni, dit-il, restera béni. Les supplications d'Ésaü ne changent rien à sa résolution. Isaac, au contraire, affermit l'iniquité créée par le mensonge. « J'ai fait de lui [Jacob] ton maître, et je lui ai donné tous ses frères pour serviteurs. Je l'ai pourvu de froment, de vin. » A la double spoliation de Jacob, Isaac répond par son aggravation.

« Voici, dit-il [à Ésaü], que ton séjour sera privé de terres fertiles, et de la rosée qui descend des cieux. Tu vivras de ton épée tout en servant ton frère ». L'inégalité totalement arbitraire établie entre les deux frères les englue dans une relation à venir faite de violence puisque seule la force peut assurer la délivrance éventuelle d'Ésaü de sa condition inférieure. « Si tu te délivres, poursuit son père, tu briseras son joug de dessus ton cou. »

La perversion de l'acte commis par les différents protagonistes aura sa conclusion logique : « Ésaü prit Jacob en aversion ». Il se promit de le tuer un jour. Il est tentant, ne serait-ce que pour se rassurer, d'inclure la trame corrompue de cette scène, ainsi que celle des scènes précédentes, dans le contexte plus large d'une volonté de Dieu d'accomplir une éventuelle tâche de noblesse et de grandeur. À l'injustice fondamentale établie partout devraient forcément répondre en compensation, si Dieu est bien un dieu de bonté et de justice, des faits de justice tout aussi manifestes et irréfutables. Or, rien ne vient infirmer jamais que le dieu des Hébreux est un dieu du caprice, un dieu d'ombrageuse vanité, un dieu caractériel, sadique, pervers et cruel. Le don qu'il fait de ses faveurs et de sa grâce est gratuit, par quoi il faut entendre qu'il semble n'avoir aucun motif cohérent, aucun fondement logique. Si l'on admet, dans ce cas, l'incompréhension constitutive de l'homme, laquelle ne lui permet tout simplement pas de concevoir les desseins de Dieu, ce qui lui fait un devoir de se soumettre sans protester, sans réfléchir, même, on débouche sur une obligation désespérante : celle de souffrir sans savoir pourquoi, quelque innocent que l'on puisse être.

Que l'on puisse *sembler* être, que l'on puisse *se croire* être, objectera-t-on. Objection recevable pour ce qui est des adultes, mais, une fois encore, irrecevable, scandaleuse, même, en ce qui concerne les enfants.

*Je fus à nouveau émerveillé par la pertinence du jugement de Sven, ce d'autant que je pouvais le mettre en parallèle avec celui du philosophe Marcel Conche, lequel a exprimé un jugement définitif sur le caractère inacceptable de la souffrance des enfants.*

*Il suffit, explique-t-il en substance, d'apercevoir, ne fût-ce que quelques secondes, le regard abandonné d'un enfant pour saisir combien l'idée qu'il puisse subir chagrin, torture, souffrance est insupportable. Regard abandonné, dis-je, car exempt de malice, tout entier livré au monde, sans défense, c'est-à-dire dépourvu de moyens de se défendre, mais également dépourvu de moyens d'attaquer ou de contre-attaquer. Un enfant souffre sans comprendre, pour la raison qu'il ne sait pas. Le verbe doit être pris ici dans son acception générique : l'enfant ne comprend pas ce qui lui arrive, ce qu'on lui veut, parce qu'il ne sait pas encore la réalité du monde et des hommes. Du système de l'univers, du fait de la douleur infligée par les autres, du combat pour la survie dans la nature, il n'a aucune connaissance. Il est ouvert à tout et à tous car n'ayant rien il attend tout de tous. Il ne se met pas en garde puisque la réalité même du danger possible ne lui apparaît pas. Il en ressort qu'il est, totalement et effectivement,* innocent, *c'est-à-dire ignorant que le mal existe. Ce sont sa crédulité, sa candeur, son absolue confiance qui font de tout attentat contre lui une inexpiable infamie. Or, Dieu, le dieu de la Bible, est-il économe de la souffrance et de la mort des enfants ? L'histoire, la sociologie, la médecine, la jurisprudence crient qu'il n'en est rien. Le dieu sadique qui a permis l'avènement du mal, que rien en dehors de sa volonté ne forçait à advenir, est responsable, de l'alpha à l'oméga, de la perversion du monde. À lui seul sont dues la honte, l'injure, la malpropreté du mal et des horreurs qui en découlent.*

*Je fus d'autant plus stupéfait de la justesse de l'observation de Sven qu'il n'avait jamais eu, que je sache, d'enfant. La précision des images qu'il utilisait pour dépeindre l'innocence enfantine, innocence qui ne pouvait laisser indifférent ; l'exactitude des sentiments qu'inspirait à tout être civilisé le crédit qu'accordaient les enfants à quiconque les approchait me convainquirent que l'Islandais devait, d'une façon ou d'une autre, en avoir une connaissance concrète. Je me promis de l'interroger à ce sujet. Pour l'heure, il importait de l'écouter encore.*

Tout l'épisode du mariage de Jacob est, pour une âme authentiquement européenne, héritière de Rome, de nature à ulcérer par la prévalence du mensonge et de la mesquinerie.

Marchant vers l'Orient, Jacob rencontre, aux abords d'un puits dont on roulait la pierre qui l'obstruait pour abreuver les troupeaux, Rachel, sa cousine. Ils ne se connaissaient pas. Le père de Rachel, Laban, est le frère de la mère de Jacob, Rébecca. Son oncle l'accueille avec effusion et lui offre l'hospitalité durant un mois. Le neveu rend à l'oncle des services, au point que ce dernier lui propose un salaire. Jacob jette son dévolu sur Rachel, dédaignant Lia, l'autre fille, qui « avait les yeux malades ». La réponse de Laban est sidérante : « Mieux vaut la donner à toi qu'à un autre : reste avec moi. » La morale de l'intérêt perce ici sous deux aspects. En premier lieu, Laban juge préférable de marier sa fille à son neveu, qui l'a déjà servi tout un mois et promet, s'il obtient la belle Rachel, de demeurer encore sept années au service de son oncle. Ensuite, mieux vaut avoir pour gendre un membre de la famille, lié à soi par le sang. À la fin des sept années, Jacob réclame son dû.

La garantie de loyauté étant évidente – ils sont de la même famille et Jacob a bien œuvré pour Laban, - on s'attend à une heureuse conclusion : un grand festin va sceller le pacte, Jacob et Rachel sont à l'aube d'une existence exemplaire et sereine.

C'est mal connaître la mentalité de ce peuple.

Laban glisse dans le lit de son neveu, non pas Rachel, l'épouse qu'il s'est choisie, mais Lia, son autre cousine. Ce n'est que le lendemain que Jacob s'aperçoit de la supercherie. Offusqué, il exige de son oncle une explication : « Que m'as-tu fait là ? N'est-ce pas pour Rachel que je t'ai servi ? Pourquoi m'as-tu trompé ? » On s'attend alors à une excuse logique, de nature à démontrer que des circonstances particulières ont contraint Laban à duper son neveu. La réponse de Laban laisse pantois : « Ici, ce n'est pas l'usage de marier la cadette avant l'aînée. » Que ne s'en était-il ouvert à Jacob ! Un aveu franc eût résolu le problème ; Jacob eût peut-être admis de patienter. Au mensonge, l'oncle ajoute à présent le calcul et le chantage : « Achève la semaine avec celle-ci, puis je te donnerai sa sœur, à condition que tu serves encore chez moi sept années. »

L'intérêt enrobe ici chaque mot. L'oncle entend bien utiliser le neveu jusqu'à l'extrême limite. Il n'hésite pas à jouer de ses filles comme du procédé le plus efficace pour parvenir à ses fins. Sentiments, droiture, considération, respect s'effacent devant le parti à tirer des gens et des circonstances. Un Romain se fût révolté ; sans doute eût-il occis l'oncle. Jacob, élevé sur le terreau du mensonge et de la déloyauté, s'incline. Il sert encore Laban sept années, épouse Rachel, travaille, enrichit son oncle et s'enrichit également. L'histoire pourrait se bien terminer, mais c'est compter sans celui qui est à l'origine du cadre général de la tromperie : Dieu.

Celui-ci intervient. Jacob, qui aime la femme qu'il a choisie, néglige Lia, qu'il n'a pas voulue. Lia ayant été imposée à Jacob contre sa volonté, Dieu, s'il est réellement toute bonté et toute justice, ne devrait point permettre qu'elle enfante mais devrait au contraire rendre féconde Rachel.

C'est l'inverse qui se produit.

« Le Seigneur, voyant la désaffection dont Lia était l'objet, la rendit féconde, tandis que Rachel demeurait stérile. » Ainsi, la droiture est punie et la déloyauté récompensée. Lia enfante coup sur coup quatre fils. Ce forfait de Dieu excite naturellement la jalousie de Rachel. Déjà empoisonnée par la malice de Laban, l'atmosphère se dégrade davantage. Ne pouvant enfanter, Rachel conjure son mari d'enfanter pour elle par le truchement de Bala, sa servante. L'opération réussit ; il naît à Rachel et Jacob un fils, puis un autre. Rachel traduit sa joie par un aveu sordide : « J'ai lutté contre ma sœur auprès de Dieu et je l'ai emporté ! » Ainsi, de par la malice divine, les relations de famille se réduisent à une compétition malsaine entre deux sœurs. Lia, ne voulant pas être en reste, se met, elle aussi, à user de servantes pour donner à son « mari » des enfants. L'ignominie, une fois lancée, suit logiquement son implacable cours. Ruben, fils de Lia, cueille un jour dans un champ des mandragores. Elles ont la réputation d'être aphrodisiaques. Rachel supplie sa sœur de lui en faire cadeau. Le chantage, la relation donnant-donnant étant de tradition dans ce peuple, Lia lui fait cette réponse : « N'est-ce pas assez d'avoir pris mon mari pour que tu prennes encore les mandragores de mon fils ? » Nous ne sachions pas que Jacob, devenu l'amant de Lia par tromperie, fût à présent de droit son mari. Et Rachel de dire : « Eh bien, en échange des mandragores de ton fils, je te le laisse pour cette nuit. » Procédé ignoble, fruit d'une mentalité obscène. Il résultera de cette nuit et des nuits qui suivront encore deux fils et une fille. Puis « Dieu se souvint de Rachel, qu'il exauça en la rendant féconde ». Elle enfanta Joseph.

On est confondu par tant de bassesse. Bassesse à laquelle se mêle bientôt, latent déjà, l'affairisme le plus navrant. Jacob, qui souhaite retourner chez lui, rappelle à son oncle tout ce que celui-ci lui doit.

« Ton bien était mince avant mon arrivée, mais il s'est fort accru depuis. » En témoignage de gratitude, il demande qu'il le laisse partir avec ses femmes et ses enfants. Laban admet que s'il est aujourd'hui prospère, c'est que, par le biais de son neveu, Dieu a béni sa maison. Il accepte de libérer Jacob et lui propose un salaire. Jacob dit : « Je vais inspecter aujourd'hui tous tes troupeaux et me réserver parmi les agneaux toute bête maculée, tachetée ou noire, et parmi les chèvres, tout ce qui est maculé et tacheté : ce sera mon salaire. » Rusé et compétent, Jacob ne perd pas le nord : il se réserve les jeunes bêtes au pelage magnifique, brun parmi les brebis blanches ou marqué de blanc parmi les chèvres noires. Intelligence commerciale et calculatrice. Du moins, pense-t-on, l'opération, cette fois-ci, sera-t-elle correcte. Nul moyen de tromper : une sélection équitable et le tour sera joué.

C'est, une fois encore, méconnaître l'influence de la glèbe malsaine dans laquelle croît le peuple « élu ».

Subrepticement, Laban isole du troupeau les bêtes que s'est attribuées Jacob et les remet à ses fils afin qu'ils les maintiennent à trois journées de marche de là. Usant d'un stratagème, Jacob fait mettre bas aux brebis restantes, exposées à des baguettes tandis qu'elles buvaient et entraient en chaleur, des agneaux rayés, maculés ou tachetés. Il se compose ainsi un troupeau bien à lui. Évitant de leurrer les bêtes non conformes, il lègue à son oncle un troupeau malingre : « les agneaux chétifs étaient pour Laban, et les vigoureux revenaient à Jacob. » Coups tordus, petitesse, ruses saumâtres : le peuple « élu » est à l'image de son dieu. Jacob, de surcroît, prospéra grandement. « Cet homme devint ainsi extrêmement riche ; il eut un troupeau nombreux, des servantes, des serviteurs, des chameaux et des ânes. »

Parmi les remarques qu'attire ce genre de situation, celle-ci s'impose : un dieu qui valorise de la sorte l'enrichissement par la tromperie et l'artifice ne pourrait-il être à l'origine d'une religion pour laquelle tout accroissement de fortune, quelque indigne que soit la manière de l'acquérir, est signe de grâce divine ? Dieu ne paraît-il pas donner son aval au subterfuge, récompensant le calcul le plus sordide, pourvu que le résultat fût au rendez-vous et la richesse la marque tangible de la réussite ?

*Paroles singulièrement prophétiques de Sven Hannes Sigursson. Ce qu'il décrit ainsi sans le savoir, c'est l'enjeu même de la Réforme.*

*La Réforme !* Elle fut effectivement, pour l'Europe, ce que Denis Bachelot appelle « un choc politique qui déchirait la matrice d'une civilisation. » *(*La Nouvelle Revue d'Histoire, 52, janvier-février 2011*)* Elle annonçait une rupture tragique du lignage parti de Grèce et passant par Rome, la Germanie, les Celtes, les royaumes européens, lignage que caractérisait une unité de pensée faite de tolérance idéologique et d'une conscience identitaire singulière.

*Le retour malheureux, qui plus est, à une appartenance biblique primitive, celle de l'Ancien Testament, appartenance hétérodoxe, radicalement étrangère à ce qu'était authentiquement l'Europe, porta à notre civilisation un coup tel qu'il la déstabilisa rétrospectivement et littéralement. Nous sortions de nous-mêmes pour gagner des régions qui nous étaient inhospitalières et nous furent, à bien des égards, fatales. Notre soumission à une grâce divine arbitrairement répandue, au précepte d'un pouvoir illimité des Anciens sur la foule des fidèles, à la parole biblique sacralisée, à la condamnation de tout système qui s'en écartât, au symbole d'une race prétendument élue constamment opposée à tout ce qui n'était pas elle : tout allait condamner l'Europe à l'errance guerrière sur des prétextes fallacieux et incontrôlables, cependant que, dans le même élan, elle se perdait elle-même.*

*De tout cela, j'allais, bien sûr, informer Sven le moment venu. Pour l'heure, je jugeai plus impératif de le lire encore.*

# IV

L'épopée de l'injustice, de la violence arbitraire et du mensonge va son train tout au long de la Genèse. Les innocents sont punis, tandis que les coupables sont épargnés ou rémunérés. L'ambiance générale de méfiance, de mensonge, de crainte se perpétue, augurant de lendemains piètres et de luttes à venir.

Viols, abus de toutes sortes assaillent les personnages.

Sichem, fils de Hémor, qui fit violence à Dina, fille de Jacob et Lia, demande, par l'intermédiaire de son père, pour toute réparation, la main de celle dont il a abusé. Faisant peu de cas du crime de Sichem, les fils de Jacob exigèrent pour prix de leur sœur que son futur mari devînt comme eux, un circoncis. C'est même l'alliance des deux peuples qu'ils proposent à leurs adversaires, à condition qu'ils délaissent leurs coutumes pour adopter celles de Jacob et de sa race. Se fiant à leur parole, Sichem et les siens ouvrent les portes de la ville, dans laquelle les nouveaux venus sont à présent libres de circuler. Erreur fatale, car, trahissant leur serment, deux des fils de Jacob y pénètrent, passent au fil de l'épée tous les habitants mâles et se livrent au pillage. Ils entendent par là punir ceux qui ont outragé leur sœur, mais ils légitiment du même coup la plus inique des sentences : la punition collective. C'est une population entière qui est massacrée au nom de la culpabilité d'un seul. Ils n'en restent d'ailleurs pas là : ils « prirent leurs moutons, leurs bœufs, leurs ânes, ce qui était dans la ville et ce qui était dans la campagne. Ils raflèrent tous leurs biens, leurs enfants, leurs femmes, et tout ce qui se trouvait dans leurs maisons. »

Dieu allait-il frapper Jacob et les siens d'indignité devant une telle forfaiture ? Au contraire, il « frappa de panique les villes environnantes, de sorte qu'on ne poursuivit pas les fils de Jacob » lorsque ceux-ci s'enfuirent avec leur père.

Jacob – désormais Israël ! – perpétue la coutume malsaine entretenue par les populations des régions bibliques qui est d'avoir des enfants tardifs. Il n'est rien, à mes yeux, de plus méprisable que ces vieillards lubriques qui s'adonnent avec des femmes encore jeunes aux jeux du sexe et ignorent ce qu'il peut y avoir d'irresponsable dans le fait de donner naissance à des enfants dont il siérait qu'ils fussent les grands-pères plutôt que les pères. Le gâtisme inhérent à la paternité hors d'âge pousse Israël à davantage chérir Joseph, ce fruit futile d'une virilité sénile.

Une fois de plus, les différences délibérément inscrites entre les enfants de la part d'un père éveillent la jalousie parmi les frères et sœurs. On dirait que Dieu se délecte à susciter des passions mauvaises parmi les gens de son peuple.

La tunique de luxe qu'Israël offre à Joseph établit un rapport de favoritisme qu'il n'est ni surprenant ni scandaleux de constater entre lui et ses frères. Il y a dans une marque de considération aussi déséquilibrée un symbole de distorsion qui met en cause les sentiments profonds que l'on est en droit d'attendre d'un parent. Préférence du cœur ou pas, l'équité, cette notion fondamentale des Romains, exige que Joseph et ses frères soient traités de la même manière. Au-delà de la question purement matérielle – le surplus d'avantages financiers, sous forme pécuniaire ou autre, consenti à l'un, – c'est toute la question émotionnelle qui se trouve, de par l'injustice manifestée par le père, mise en exergue. Les frères de Joseph, inévitablement, en sont à se demander pour quelle raison l'inclination paternelle leur est aussi défavorable. Ce sont les dispositions de l'âme et du cœur telles qu'elles s'ouvrent à celle-ci qui en sont blessées. Il s'ensuit forcément un sentiment contraire à celui, inné, de l'amour. Aussi, quand Joseph raconte à ses frères les songes qui lui sont advenus, la détestation dont il fait l'objet prospère-elle considérablement.

Dans le premier songe, Joseph décrit une situation de vassalité envers lui dont ses frères sont affligés. Tous sont occupés à lier dans les champs des gerbes ; les gerbes de ses frères entourent celles de Joseph, se prosternent devant elles, tandis que les siennes sont levées et droites, dans une posture de domination. Le second songe prend une tout autre dimension. Jusqu'à présent, l'évocation d'une prépotence de Joseph ne touchait que la fratrie. En rapportant que « le soleil, la lune et onze étoiles se prosternaient » devant lui, Joseph, parlant non seulement à ses frères mais également à son père, suscite la crainte de ce dernier en même temps qu'il amplifie la haine des premiers. Ayant semé dans l'esprit de son préféré un sentiment de supériorité quasi royal – et usurpé – Israël, quittant son indifférence vis-à-vis du sentiment de ses autres fils, est soudain disposé à considérer de plus près le péril dont son inclination est la cause. Étant lui-même concerné, il sent naître en lui une inquiétude dont, par ailleurs, il mérite les affres. « Que signifie, demande-t-il à Joseph, ce songe que tu as eu ? Va-t-il falloir que nous venions, moi, ta mère et tes frères, nous prosterner à terre devant toi ? » Israël, en l'occurrence, songe ici à lui-même.

Sa vanité, qui est celle de son dieu, l'incite à se mentionner en premier et à souligner ce qu'il peut y avoir de contraire à la nature à imaginer un père, et accessoirement une mère et des frères, s'agenouillant devant un rejeton, eût-il les faveurs de ses parents. La vanité d'Israël – et l'on comprend que le songe vise davantage que la seule famille de Joseph et évoque l'ensemble des tribus du peuple « élu » – procède directement de la perversité que Dieu manifeste dès le jardin d'Eden, en permettant que du mal qu'il rend possible soient engendrées toutes espèces de passions, dont, en l'occurrence, la jalousie, la détestation, la haine, le sentiment d'injustice.

La suite de l'épisode de Joseph est dans la logique de la perversion constitutive initiale. Ses frères étant allés faire paître les troupeaux – pourquoi, d'ailleurs, Joseph n'est-il pas avec eux ? Dispose-t-il d'une prééminence avérée qui le dispense de travailler à l'œuvre commune de la famille ? – leur père l'envoie superviser leur tâche, à la manière d'un contremaître ou d'un régisseur. L'apercevant de loin, les frères résolvent de le faire mourir. La relation de départ – tant familiale que biblique dans sa totalité – étant nécessairement viciée, elle conduit les protagonistes non seulement à éprouver toutes sortes de sentiments négatifs, mais elle les pousse jusqu'au mal ultime : le meurtre. Celui-ci sous-entend davantage que l'interruption du processus vital : c'est tout un processus de déconstitution, de décomposition et, finalement, de destruction totale qui se met en place, mais qui est déjà contenu dans la perversité divine.

Dans le sillage du mensonge inhérent au projet du dieu de la Bible, le mensonge préparé par les frères en vue de justifier la mort de leur cadet met en parallèle songe pour songe, détournement pour détournement. « Nous verrons bien ce que valaient ses songes », se dirent ses frères. Il n'y a, en effet, aucune raison pour que les *songes* de Joseph soient plus vraisemblables que le *men*-songe que ses frères s'apprêtent à rapporter à leur père. Leur intention est d'assassiner Joseph, puis de prétendre qu'il a été dévoré par un fauve. Les scrupules de Ruben leur font choisir l'enfermement dans une citerne vide en plein désert plutôt que le sang versé. S'ils en étaient restés là, on conçoit que les atermoiements de Ruben eussent résulté en une sanction infiniment plus cruelle que le meurtre à l'arme blanche ou par étranglement (quel qu'eût été le moyen choisi) puisque Joseph eût agonisé durant des jours.

Les frères de Joseph commencent leur assaut contre lui par un geste symbolique : ils le dépouillent de sa tunique. Ce symbole d'une préférence outrancière, d'une iniquité fondamentale lui est ôté de force. Puis, ils le jettent dans la citerne. L'arrivée d'une riche caravane fait prendre à leur pensée une autre direction, celle, habituelle dans la Bible, de l'intérêt financier. Pour peu que ce peuple se perpétue et devienne un jour puissant ou influent – ce qui, au bout du compte, revient au même, - il peut se trouver à l'origine d'une idéologie dont le socle serait un type de relation entre les hommes entièrement établi sur l'échange marchand. Plus rien alors n'aurait de valeur, mais tout aurait un prix : les sentiments, les œuvres d'art, les êtres, les peuples, les nations.

*Je fis dans ma lecture une nouvelle pause. Sven, décidément, s'avérait une fois de plus visionnaire. Il venait de décrire en peu de mots l'idéologie perverse qui domine le XXIe siècle. Alors que le commerce, la relation marchande étaient considérés à Rome comme inférieurs et abandonnés à des prête-nom ou à des classes non liées à la noblesse, le triomphe du protestantisme, conférant, dès le XIIIe-XVIe siècle, à la bourgeoisie marchande ses lettres de décence, sa mise sur le pavois et son accès à la puissance, favorisa la domination future, politiquement et intellectuellement établie à partir de la Révolution française, de l'idéologie libérale, libre-échangiste, antihumaniste. Sven ne pouvait le savoir, mais il était suffisamment logique et intelligent pour en imaginer l'augure.*

C'est donc contre vingt pièces d'argent – la vie humaine est bien peu payée chez les Hébreux ! – que les frères de Joseph le vendirent aux Ismaélites de la caravane. Participant à la supercherie, Ruben admet que ses frères égorgent un bouc et maculent la tunique déchirée de Joseph de son sang. Égaré, Israël pleure son fils, sourd à toute consolation. Joseph, pour sa part, est vendu à Putiphar, officier de Pharaon.

Les années passées par Joseph en Égypte témoignent assez de la largeur d'esprit de cette grande civilisation. Les notables y font preuve d'une vaste intelligence des choses et des gens. Ils savent en apprécier les qualités et octroient sans réserve leur confiance. C'est ainsi que Putiphar, maître des gardes de Pharaon, mesura dès les premières heures les capacités de l'étranger qu'il avait acquis. Qu'il ait vu que « le Seigneur était avec lui et le faisait réussir » doit être interprété de deux manières, selon le point de vue. Celui des Hébreux est sans ambiguïté : leur dieu prépare à travers Joseph la prospérité de leur peuple. Celui des Égyptiens, beaucoup plus réaliste, nous parle, à nous, Européens, bien plus clairement. Joseph est un homme habile, rusé, compétent. Roué aussi, sans doute, prompt à saisir ce qui est de nature à faire avancer ses affaires. Il obtient bientôt de son maître pleine et entière confiance, ainsi que « la tête de sa maison » et le soin de « tous ses biens ». Insigne honneur, empreint d'une perception psychologique sans pareille. Si « le Seigneur bénit la maison de l'Égyptien, à cause de Joseph », il faut y voir, outre le zèle et l'adresse de ce dernier, rejeton d'une race calculatrice et intéressée, la licence que lui laisse l'officier. Véritable intendant, Joseph régit adroitement la maison et les champs, l'intérieur et l'extérieur. Lorsque tous les instruments sont livrés à un homme de qualité, le succès en couronne les efforts ; hommage doit être alors rendu à celui qui, ayant sur lui tout pouvoir, lui accorde son crédit.

Joseph, lui, possède suffisamment de bon sens pour préserver son avantage et la position enviable qu'il occupe face aux tentations. Ainsi, la femme de Putiphar lui fait des avances. Joseph étant résolu à lui résister – il est prudent, - elle use d'un subterfuge. Le saisissant par son vêtement afin d'abaisser ses défenses par la sensualité, elle retient l'étoffe quand Joseph s'enfuit. Elle crie alors à l'attentat contre sa vertu, prenant pour témoin ses gens, attirés par ses hurlements. Joseph est jeté en prison, ce qui est naturel tant que le mari n'a pas fixé sa religion au sujet de l'incident. Les compétences de Joseph, son aplomb, sans doute aussi son charme lui gagnent l'estime de ses geôliers. C'est par l'interprétation des songes, une fois encore, que l'Hébreu regagnera la faveur perdue.

Deux personnages de la cour offensèrent le souverain, qui les fit emprisonner. Ils tombèrent sous la coupe de Joseph. Le premier, grand échanson, raconta son rêve : un cep à trois sarments s'était mis à bourgeonner ; il fleurit et produisit des raisins magnifiques. Joseph y vit pour l'homme l'annonce d'un retour en grâce dans les trois jours ; à nouveau, il tendrait au Pharaon des coupes remplies de vin. Joseph lui expliqua que lui-même était en Égypte parce qu'il avait été enlevé ; il était innocent de ce dont on l'accusait ; il pria l'échanson de ne pas l'oublier. Le second personnage, panetier, vit en songe trois corbeilles de pain blanc ; « dans celle du dessus, il y avait pour le Pharaon toutes sortes de pâtisseries, mais les oiseaux les mangeaient ». Joseph prédit qu'avant trois jours, l'homme serait pendu ; c'est ce qui advint. L'échanson, libéré, ayant forfait à sa parole, Joseph resta encore deux années en prison. L'échanson, enfin, se souvint de son serment. On fit venir Joseph. Près du Nil, Pharaon vit en rêve « sept vaches belles et grasses », suivies de « sept autres vaches, laides et maigres » qui « dévorèrent les sept vaches belles et grasses ». Un second songe le visita : cette fois, « sept épis gros et beaux » jaillirent, qu'engloutirent « sept épis maigres et desséchés ». Joseph prophétisa alors « sept années de grande abondance pour toute l'Égypte », que ruineraient ensuite « sept années de disette ». En prévision de la famine qui s'abattra sur le pays, que « Pharaon se choisisse donc sans tarder un homme sage et avisé pour le mettre à la tête du pays ». Que des intendants soient à ses ordres, « préposés à la réquisition du cinquième des récoltes d'Égypte durant les sept années d'abondance ». Le blé sera engrangé et servira de réserve.

*Pour être ingénieux, songeai-je alors, interrompant ma lecture, le procédé n'est pas nouveau. Sans doute a-t-il son origine dans une application de bon sens : mieux vaut amasser en période d'affluence ce qui, venant à manquer, fera un jour gravement défaut. D'autres cas d'une telle prévoyance figurent dans les annales, l'un des plus remarquables étant la création des « greniers de bienfaisance » par le grand ministre chinois Ngeou-yang Sieou, en 1057 de notre ère, sous l'empereur Song Renzong. Ces greniers permirent de distribuer du grain aux vieillards, aux enfants, aux pauvres et aux malades. Sans connaître – et pour cause - ces détails historiques, Sven Hannes Sigursson n'était pas dupe de l'esprit pratique de Joseph.*

On devine, affirme-t-il justement, que Joseph appliquait là une recette connue des hommes astucieux depuis l'âge des cavernes. Il en obtint le résultat escompté : se faire nommer par Pharaon homme de confiance et de savoir suprême en Égypte. Faut-il en conclure que Pharaon était bien candide, crédule au-delà du raisonnable, ou, au contraire, que, tout comme Putiphar, il savait accorder sa confiance là où il discernait intelligence et savoir-faire ? Personnellement, je pencherais plutôt pour la seconde hypothèse. Toujours est-il que Joseph ne pouvait qu'être comblé. Pharaon le mit « à la tête de toute l'Égypte », lui, l'étranger, et fit en sorte que « le trône seul » lui soit supérieur. Joseph prit femme et pas n'importe qui : la fille de Putiphar. Comme il l'avait annoncé, il engrangea du blé plus qu'il n'en serait jamais nécessaire. De son épouse, il eut deux fils, Manassé et Éphraïm. Durant les sept années de disette, l'Égypte bénéficia de tout le pain qu'il lui fallait. Joseph « ouvrit tous les greniers », mais ne fit point des aliments un don gratuit : en bon commerçant, il le vendit. À ce moment de sa carrière, il est un personnage considérable, révéré par tous, qui, bien que de mentalité étrangère à celle de l'Égypte, en recueille récompenses et admiration. L'abondance de l'Égypte ne pouvait pas ne pas attirer ceux qui, vivant ailleurs, souffraient de la faim. C'est ainsi que Joseph tiendrait sa revanche sur ses frères.

Habitant des terres dépourvues de vivres, Jacob (Israël) et ses fils aspirent aux richesses de l'Égypte. Son blé nourrit leur convoitise. Le père enjoint aux siens de partir. Dès cet instant, Joseph les tient. Il use de son avantage. Il les reconnaît mais déclare qu'ils ne sont que des espions. Il leur extirpe l'aveu d'avoir laissé au pays leur plus jeune frère, Benjamin. Il les retiendra prisonniers, à moins qu'ils ne le ramènent. Cette épreuve qu'il leur impose est censée aboutir à l'arrivée de Benjamin, ce qui témoignerait de l'innocence des frères. Excuse fallacieuse, évidemment, à laquelle, pourtant, ils cèdent. La culpabilité pour leur forfait passé les hante toujours : « Vraiment, pensent-ils, nous expions le crime commis contre notre frère ». Siméon demeure comme otage. En route, ils s'aperçoivent que l'argent dont ils ont payé le blé se trouve toujours dans les sacs. L'effroi les gagne. Chez eux, ils mettent leur père au courant. Celui-ci refuse la transaction. Laisser Benjamin partir pour l'Égypte, c'est signer son arrêt de mort. On lui fait entendre que, selon les propres paroles du gouverneur (Joseph), amener le plus jeune frère équivaut à signer un contrat aux termes duquel ils pourront « trafiquer » dans le royaume d'Égypte. Trafiquer leur est consubstantiel, aussi Ruben engage-t-il la vie de ses deux fils sur le retour de Benjamin.

Entre-temps, la famine décimait les gens. Israël ordonne à ses fils de repartir pour l'Égypte et d'en ramener des victuailles. Contre celles-ci, ils proposeront du baume, du miel, des aromates, de la myrrhe, des pistaches, des amandes. Juda répond de Benjamin. La réception qui leur est faite par Joseph, chaleureuse et fort civile, leur fait craindre un piège. Oublieux de leur dignité, ils se jettent à ses genoux. Joseph leur organise un somptueux repas, respectant la coutume : ses frères mangent à part, tout comme les Égyptiens bénéficient d'une salle pour eux-mêmes, et Joseph en personne d'une salle qui lui est réservée. La part de Benjamin est cinq fois supérieure à celle de ses frères. L'iniquité de Dieu et celle de Jacob se confirment. De même, le pli des supercheries ne s'interrompt point. Joseph, sur le point de renvoyer chez eux ses frères pourvus de vivres, ordonne à son intendant de glisser dans le sac du plus jeune sa coupe d'argent. Puis il les fait poursuivre. On trouve dans les bagages de Benjamin la coupe ; on fait revenir tout le monde. L'arrêt tombe de la bouche de Joseph : « Celui qui a été trouvé en possession de la coupe sera mon esclave. » Les autres sont libres. Joseph finira par se dévoiler. Il se répandra en sanglots, se jettera au cou de Benjamin, le comblera de ses bontés. Le jeu cruel prend fin. Jacob, le père, arrivera de Canaan.

Quelle explication, toutefois, Joseph fournira-t'il pour justifier son attitude ? À la fois la plus imparable, pour quiconque est pétri de foi, la plus stupide et la plus lourde de périls futurs pour quiconque y est insensible : l'origine divine. S'il a été malmené par ses frères, menacé de mort, envoyé en Égypte, s'il est devenu « père du Pharaon », « chef de toute sa maison », « gouverneur de toute l'Égypte », c'est parce que Dieu l'a voulu.

Les implications de ce qui précède ne laissent pas d'inquiéter.

La première d'entre elles, sans doute la plus chargée d'orages, est le mépris et l'orgueilleuse conviction contenus dans les paroles de Joseph. Mépris, tout d'abord. On sent percer une joie dédaigneuse dans son affirmation de grandeur. Au reste, quel souverain octroierait un tel pouvoir à un étranger sous prétexte qu'il est intelligent, astucieux, clairvoyant, sinon un souverain persuadé d'avoir affaire à un être noble et digne de confiance ? Or, il y a dans l'explication de Joseph à ses frères une sorte de jubilation vaine qui se pourrait traduire par : « Vous voyez, je l'ai eu, le Pharaon ; il me fait entièrement confiance, je suis à présent un homme parmi les plus puissants puisque j'ai été fait l'égal du souverain. » Le Pharaon, il est vrai, a pris un risque considérable. Nous, lecteurs, qui sommes témoins de la perfidie de Joseph, symbole singulier de la perfidie de son peuple tout entier, pressentons ce qui attend l'Égypte dirigée par un gouverneur tel que lui.

De fait, Joseph commence par profiter de sa position pour offrir à sa famille une situation sans équivalent de pique-assiette. Nulle gratitude envers l'Égypte et son roi, mais un opportunisme de spéculateur. « Chargez vos bêtes, dit Joseph à ses frères, et retournez au pays de Canaan. Puis vous emmènerez votre père et vos familles et vous reviendrez auprès de moi. Je vous donnerai ce qu'il y a de meilleur en Égypte, et vous vous nourrirez des meilleurs produits du pays. » Proposition éclairante quant à la mentalité des Hébreux : *vous vous nourrirez des meilleurs produits du pays.* C'est-à-dire que ce que beaucoup d'Égyptiens, pas assez riches, ne peuvent obtenir, moi je vous l'obtiendrai. C'est vous, étrangers, qui profiterez des biens d'un pays qui n'est pas le vôtre mais dans lequel, grâce à la candeur du Pharaon envers moi, vous serez libres de vous comporter en parasites.[3]

Au moins, se dira-t-on, les Hébreux éprouveront-ils de la reconnaissance pour les hommes et les femmes d'Égypte et mêleront-ils leur sang au leur. C'est là préjuger trop favorablement de ce peuple vaniteux et conquérant. La justification de leurs actes futurs lui est une fois encore offerte par Dieu – *leur* Dieu, que leur intolérance et leur orgueil congénitaux ont décrété *unique* et *seul vrai*. Dans un songe, Dieu apparaît à Israël et l'assure d'un avenir radieux : « Ne crains point de descendre en Égypte, car je t'y ferai devenir une grande nation. » Paroles terribles. Ainsi, loin d'envisager une simple attitude d'usure envers l'Égypte, qui pourrait, à la longue, éveiller un sentiment de gratitude envers ce peuple, le séjour que les Hébreux comptent faire dans ce grand empire doit servir de terreau à un royaume hébraïque futur. Ainsi vivent et croissent certains parasites du corps. Les organismes dont ils boivent le suc les aident à se développer. Une fois atteinte leur

---

[3] Les nations d'Europe, en ce début de XXIe siècle, ne subissent-elles pas exactement ce genre de traitement dans un contexte d'immigration de remplacement décidée par leurs propres dirigeants ?

maturité physique, ils assistent, indifférents, à l'agonie du corps dont ils ont tiré leur épanouissement.

L'Égypte se révélera effectivement bénéfique aux Hébreux. La liste des familles d'Israël qui s'y installeront est interminable. Ils y vivront à part, en peuple autosuffisant, récusant tout mélange. Joseph les enjoint de demeurer dans le delta oriental, proche de Tanis, là où ils seront libres de mener leur activité de bergers. Nœud du différend, né entièrement de l'attitude des Hébreux, cette activité accentue le fossé entre deux manières de vivre. « Les Égyptiens, affirme Joseph, ont horreur des bergers. » Précise-t-il pourquoi ? Non, car il lui faudrait dire la vérité. Les Hébreux sont des nomades, qui puisent là où ils les trouvent nourriture et biens de consommation. La haine est loin d'être aussi forte des sédentaires aux nomades. C'est bien davantage ici les Hébreux nomades qui vouent aux Égyptiens sédentaires, c'est-à-dire bâtisseurs, mépris et détestation.

Grandissant en nombre, force et santé, les Hébreux s'efforceront de tirer du terroir égyptien tout ce qui servira leur projet : devenir une grande nation. Ils n'y parviendront pas grâce à leurs seuls efforts mais en tarissant les forces vives de leurs hôtes. Et « quand tout l'argent d'Égypte et de Canaan eut été épuisé, tous les Égyptiens vinrent dire à Joseph : "Donne-nous du pain. Allons-nous périr sous tes yeux faute d'argent ?" » Un pays, aussi richement pourvu soit-il, ne saurait impunément assurer la croissance de deux peuples : le sien et un peuple étranger. Ayant largement profité de son établissement « dans la meilleure partie de la contrée, le pays de Ramsès », grâce à la bonté du Pharaon (« ainsi que Pharaon l'avait ordonné »), le peuple hébreu finit par épuiser les réserves de son hôte. Joseph va-t-il répondre par la commisération au désarroi du peuple qu'il a dépouillé ? Au contraire, il l'abandonne à la pure loi du commerce. « Livrez votre bétail, dit-il aux Égyptiens, si vous n'avez plus d'argent, et je vous donnerai du pain en échange. »

Sordide marchandage, sordidement poursuivi.

Loin de prendre à son compte le chantage auquel il se livre, Joseph se pare du patronage de Pharaon. Il se défausse ainsi de la responsabilité qui est la sienne. C'est à une véritable mise en servitude de la population que l'on assiste.[4] Après avoir abandonné à Joseph chevaux, troupeaux de moutons, bœufs, ânes, il ne reste aux Égyptiens qu'à abandonner aussi leurs corps et leurs terres. Ainsi furent-ils privés de leur bétail, de leurs bêtes de somme, mais également de leurs champs puis de leur liberté. Seuls furent épargnés les biens et les terres des prêtres. En échange, Joseph livre au peuple du grain, les encourage à semer et récolter, se réservant le cinquième de la récolte. Organisme désormais sous tutelle, le peuple d'Égypte paie pour les Hébreux, peuple parasite, devenu florissant à ses dépens. Car les Israélites « acquirent des propriétés, furent féconds et s'y multiplièrent largement. » À la fin de sa vie, Jacob (Israël), refusant de mêler ses os à ceux des hôtes dont il a si bien profité, exige qu'on l'enterre ailleurs qu'en Égypte, « couché avec mes pères ».

Le projet impérialiste des Hébreux se précise donc. Dieu, à nouveau, promet en rêve à Israël une terre (Canaan)

---

[4] Ne voit-on pas une méthode et un résultat semblables lors de la Révolution de 1789 ? La bourgeoisie marchande et financière qui en bénéficiera ne réussit-elle pas l'exploit de convaincre la masse populaire que son pire ennemi est le roi (et non les possédants), détournant ainsi la colère de celle-là, affligée d'une misère largement provoquée par les spéculateurs ? Les souffrances de la classe ouvrière sous les républiques en fournissent l'imparable illustration.

et la puissance. « Je te rendrai fécond, promet-il à Jacob, et te multiplierai jusqu'à faire de toi une assemblée de peuples, et je donnerai ce pays à ta postérité en possession éternelle. » Après avoir une fois de plus manifesté une préférence arbitraire pour l'un des fils de Joseph (Éphraïm), au détriment de l'autre (Manassé), Jacob conclut : « Dieu sera avec vous et vous ramènera dans le pays de vos pères. Et moi, je te donne de plus qu'à tes frères un domaine que j'ai enlevé aux Amorrites, avec mon épée et mon arc. » Les intentions belliqueuses des Hébreux, mentionnées ici, seront confirmées par Joseph. Après avoir inhumé Jacob, son père, « dans la caverne de la terre de Macpéla », il vécut encore de nombreuses années. Avant de mourir, il dit : « Dieu vous visitera certainement et vous fera remonter de ce pays dans la terre qu'il a juré de donner à Abraham, à Isaac et à Jacob. »

# V

*L*à finissaient les premières considérations de Sven sur la Genèse. Il concluait à mon intention :

J'attends que vous exprimiez votre avis sur mes modestes analyses et en précisiez les ressorts historiques que j'ignore.

*Je lui répondis par retour du courrier.*

*Je le félicitai pour la finesse de ses observations. « Vous avez, entre autres choses, mis le doigt sur deux aspects importants de l'expérience des Hébreux en Égypte tels que l'Ancien Testament les rapporte. »*

*Je dus en effet lui rappeler que la Bible était étrangère à toute vérité historique et que son contenu filait la trame de l'histoire du « peuple élu » en grande partie sublimée par les auteurs. Si tout n'y était pas faux, c'était surtout le récit d'un projet, fruit d'une mentalité inquiétante, qui y était développé. « Notre ère, précisai-je, qui commence avec Jésus-Christ, fut pendant quelques siècles celui où triomphèrent les mythes de l'Ancien Testament, lequel opéra une profonde mutation dans la pensée européenne, terreau diamétralement opposé au terreau biblique. Tout à coup, les épisodes de la Bible devinrent les nôtres. Ce processus aberrant de transfert d'une mentalité, d'une vision du monde, d'une sensibilité à des années-lumière de celles des Européens, processus dont l'aboutissement fut la substitution d'une identité – du moins d'une part substantielle de celle-ci – à une autre, précipita la chute de nos valeurs, héritées de la Grèce et de Rome. Peu à peu, toutefois, le Nouveau Testament et surtout les braises de nos anciennes et authentiques valeurs couvant sous la cendre atténuèrent le mal causé par le transfert en soignant, pour ainsi dire, les cellules malades de manière à les européaniser. Face à cette dynamique, par laquelle notre civilisation avait progressivement regagné ce qu'elle avait perdu, les inconditionnels de l'Ancien Testament réagirent. Ce fut le sinistre épisode de la Réforme, qui constitua un incident dramatique et même tragique de notre histoire à plus d'un titre. Mais tout cela appartient à l'histoire plus récente. La source du mal, l'Ancien Testament, est ce qui nous occupe pour l'heure. »*

*Je poursuivis en spécifiant que mon intention n'était pas d'offrir à mon ami un cours accéléré d'histoire du monde mais de le rendre attentif au fait que les textes qu'il avait étudiés eurent une influence considérable – et malheureuse - sur les peuples d'Europe, mais également du monde. Qu'il eût mis le doigt sur des caractéristiques essentielles de ces textes me paraissait devoir être relevé, et qu'il dût en être félicité me semblait naturel.*

*« L'Ancien Testament, continuai-je, est épopée, annales, mythes, poésie, prières, mais certainement pas de l'histoire. Des scribes, des érudits, tous juifs, les rédigèrent, sans doute entre le sixième et le deuxième siècle avant notre ère (sans doute, pour une part essentielle, les Lévites, prêtres fanatiques attachés au service du Temple). Les événements dont il est question se déroulèrent, dans l'imaginaire des auteurs, au cours du deuxième millénaire précédant le Christ. C'est dire que la véracité (ou son*

*absence) n'ont qu'une importance secondaire pour nous, dans la mesure où ce qui compte est que les Hébreux, puis leurs descendants et les populations qui adoptèrent leurs croyances ont foi dans les affirmations de l'Ancien Testament. Que seuls quelques renseignements débusqués par les ethnologues, les archéologues, les chercheurs confirment une part minime du contenu des textes est de peu d'importance par rapport au contenu lui-même. Car c'est sur lui que se fondent les Hébreux, les croyants, les héritiers contemporains du « peuple élu » pour mettre en œuvre une politique dont je vous parlerai plus tard.*

*« Pour en venir aux deux traits essentiels que vous avez mis en exergue, ils présentent, ainsi que vous en avez fait la remarque, un caractère de péril dont le monde ne cesse d'éprouver la réalité. Le premier de ces traits est l'ensemble des éléments qui constituent la psychologie du peuple hébreu. D'abord l'orgueil, la conviction d'avoir, en tant que peuple, tissé une alliance privilégiée avec Dieu. Alliance dont on peut craindre le pire puisqu'il s'agit du dieu du péché originel, un dieu vaniteux, agressif, caractériel, jaloux, cruel, sadique – vous l'avez amplement démontré - qui a laissé advenir le mal* par choix, *à seule fin d'y faire succomber ses créatures et de se délecter de leurs souffrances, présentes et à venir. Il découle également de l'alliance supposée des abominations en puissance. Quiconque n'est pas hébreu devient, au regard du texte, un être de seconde zone, auquel on peut mentir, que l'on est en droit de duper, un être, en tout cas, méprisable. Ce sont là quelques-uns des autres traits psychologiques des Hébreux. Les terres des autres peuples sont ouvertes à la colonisation puisque Dieu le permet. Ces terres, on s'en saisira, et l'on en exterminera les habitants. Comme tout est matière à échange commercial, rien ne sera offert, sinon comme monnaie d'échange. L'échange lui-même sera loin d'être équitable. Il est au contraire question de faire le plus de*

*profit qui soit, en épuisant les ressources des autres, avant, ces autres, de les éliminer.*

*« Vous avez, cher Sven, souligné ce qui apparaît comme une réalité inquiétante de la mentalité hébraïque : le parasitisme. Il est vrai que ce peuple s'est jadis insinué partout, non en tant que partie prenante des peuples auxquels il se mêlait, mais en tant que '' peuple élu'', refusant de se mêler aux autochtones dont il absorbait la substance. De ce fait, il devenait inévitable qu'à la fin de la Genèse, après avoir parasité l'Égypte pendant près de deux siècles (je parle toujours ici du texte biblique, sans me préoccuper de ce qu'il pourrait éventuellement contenir d'authentiquement historique), le peuple hébreu finît par éveiller la méfiance des Égyptiens. La richesse qu'il acquit, en puisant dans la substance vive du pays qui l'accueillait tandis que ce dernier s'enfonçait dans la misère, devait immanquablement susciter parmi ses élites inquiétude, méfiance et finalement colère. »*

*J'expédiai ma lettre, avec mes commentaires et quelques considérations plus personnelles, et pris patience en attendant une réponse.*

*Elle vint près d'un mois plus tard. Je parcourus, dans les délices de l'anticipation, les nombreuses pages que m'adressait Sven.*

Mon ami, commençait-il, j'ai été rassuré par votre lettre. Après tout, je me risque pour la première fois dans l'examen d'un texte aussi important, texte dont j'ignorais tout, y compris, en dehors de quelques allusions lues ici ou là depuis que nous nous connaissons, son existence même. Des considérations qu'il est aisé de se faire dans le privé de son esprit acquièrent une tout autre dimension une fois sur le papier, à plus forte raison lorsque l'on sait qu'elles seront soumises à la sagacité d'un homme de votre valeur.

Étant parvenu aux dernières lignes de la Genèse, j'ai abordé le livre de L'Exode. Il n'a fait que confirmer l'impression générale que m'avait faite la Genèse, en accentuant certains aspects. Accentuation, je l'avoue, qui m'a fait craindre le pire pour les siècles postérieurs à l'écriture de la Bible, le siècle dans lequel nous vivons en particulier.

Que m'inspire L'Exode ?

En premier lieu, un sentiment de malaise. Ainsi, après avoir extirpé de la générosité et de la confiance des Égyptiens tout ce qui leur a permis de croître et de s'enrichir, les Hébreux n'en ont conservé aucune reconnaissance. Face à cette vérité – « les Israélites furent féconds et se multiplièrent ; ils devinrent si nombreux et si puissants que le pays en fut rempli » - la Bible trouve à opposer, non pas l'admission objective et loyale du péril que représente logiquement la prospérité matérielle et démographique d'une communauté étrangère à l'intérieur d'un État, mais, par une sorte d'inversion accusatoire, l'iniquité des mesures adoptées par cet État afin de se protéger. Seule l'allusion récurrente à « l'oppression » et à la « servitude » dont paraissent avoir été victimes les Hébreux sort de la bouche de Dieu.

Regardons-y de plus près.

Quel est le crime imputé aux Égyptiens, hormis d'avoir hébergé des étrangers parasites qui se sont engraissés sur leur dos ? Car les faits sont là, admis par l'Ancien Testament :

« Vous ne partirez pas, affirme Dieu, les mains vides :

chaque femme demandera à sa voisine et à celle qui habite dans sa maison des objets d'argent et d'or, et des vêtements que vous mettrez à vos fils et à vos filles, et vous dépouillerez ainsi les Égyptiens. » Oui, nous avons bien lu : pour prix de la bienveillance que vous avez trouvée dans votre pays d'accueil, laisse entendre Dieu, où le Pharaon vous a dispensé ses grâces et sa confiance, les Égyptiens seront, par vous, peuple « élu », « dépouillés », c'est-à-dire grugés, volés, châtiés !

Quelle faute ont-ils donc commise pour que ce Dieu vicieux, jaloux, vindicatif décide de les punir ?

D'abord, celle de la prudence, qui engendre une raisonnable méfiance. Le « nouveau roi » - peut-être Ramsès II, si tant est que les épisodes de la Bible aient davantage qu'un lien ténu avec la réalité historique – réalise le danger. « Voyez, dit-il aux Égyptiens, les Israélites deviennent trop nombreux et trop puissants pour nous. » Rien n'est plus exact. « Il est temps de prendre des mesures... » Très juste. Mesures, de fait, qui ne visent à rien que de très naturel : « ... pour les empêcher de s'accroître et de se joindre à nos ennemis en cas de guerre, pour nous combattre et sortir du pays. » Mesures de salut public, s'il en est, prises par un souverain lucide et responsable. Indigne s'avérerait un roi qui, devant la menace d'une excroissance maligne, hostile au corps qui l'abrite, ne chercherait pas à en atténuer la virulence.

*Je ne pus m'abstenir de songer ici aux chefs d'États actuels de l'Europe, traîtres à leurs peuples.*

L'utilisation des parasites hébreux comme main-d'œuvre devient en l'occurrence une solution équitable. Mais cette race orgueilleuse s'en accommodait sans doute fort mal, ce que la Bible traduit par : « Plus on les accablait, plus ils se multipliaient et s'accroissaient, au point que les Égyptiens les prirent en aversion. » Le mot générique : *accablement* est-il approprié ? Rien n'est moins certain. L'intensité de cet *accablement* ne devait pas être élevée puisqu'elle n'empêchait pas ces hommes et ces femmes *accablés* d'enfanter au-delà de ce qu'un État peut tolérer de la part d'une ethnie étrangère. Le drame qui se joue ici est celui de toute immigration de peuplement. Il est un point au-delà duquel la substance même du peuple d'accueil, l'intégrité et l'originalité de ses mœurs, de son identité, de sa culture, de ses croyances sont menacées. Aussi, si l'on admet quelque exactitude historique au récit biblique, le recours à l'élimination de tout garçon hébreu nouveau-né, stratagème courant parmi tous les peuples à l'époque, se justifie.

La réticence des Hébreux s'explique aussi par le fait qu'on les employait à bâtir, eux qui, nomades, ont l'édification de villes, de monuments, de bâtiments de prestige en horreur.

Ce que la Bible appelle « rudes corvées » parce que les immigrés étaient employés à « la confection de mortier et de briques » correspond en réalité à une tâche architecturale qui répugne à ce peuple de bergers opportunistes et profiteurs. Intervient donc, une fois encore, la légitimation, aux yeux des Hébreux, de la divinité. Pour se multiplier de la sorte, les Hébreux devaient jouir de quelque appui. Dieu, effectivement, les soutient. Parce qu'ils sont courageux ? Parce qu'ils se conduisent en visiteurs reconnaissants ? Certes non ; c'est le contraire qui est vrai. Alors ? Simplement parce qu'ils « avaient craint Dieu » ! Le Dieu vaniteux, avide de gloire, de génuflexions, de sacrifices, de prosternation devant sa grandeur resurgit. Les sages-femmes, garantes de la venue au monde de solides nouveau-nés juifs, reçoivent du Très-Haut la faculté de l'efficacité.

Dieu fait donc « prospérer leurs familles », au mépris des règles de l'hospitalité et du nécessaire esprit de conservation nationale.

L'hospitalité qui caractérise les Égyptiens se manifeste à nouveau lors de la naissance de leur futur ennemi : Moïse. Dissimulé par sa mère dans une « corbeille de papyrus », l'enfant est découvert « parmi les roseaux ». La « fille du Pharaon » l'y découvre. Elle en a pitié. Usant encore du mensonge et de la ruse inhérents aux Hébreux, la sœur de Moïse profite de la bonté de la princesse. Elle lui suggère de trouver à l'enfant une nourrice juive. La princesse s'empresse d'y consentir. C'est la mère de Moïse qui se présente, mais la princesse l'ignore. Quand l'enfant eut grandi, la fille du Pharaon l'adopta. Étrange indifférence d'une mère envers le fruit de sa chair. Elle reçut en échange, il est vrai, un « salaire ». Peuple de l'intérêt, de la transaction commerciale, de l'échange marchand, les Hébreux ne *donnent* pas, ils *consentent* : contre un *profit* infiniment supérieur à ce qu'ils ont abandonné[5].

L'homme Moïse est-il d'autre étoffe que ses compatriotes ? Est-il droit, fidèle à sa parole, déterminé à servir ses hôtes ? Non, bien sûr. Hébreu il est né, Hébreu il demeure. Hypocrite, nullement marqué par l'éducation privilégiée qu'il a reçue de son pays d'adoption, il tue un jour un contremaître égyptien coupable, dit la Bible, d'avoir frappé un de ses frères. Moïse s'y prend-il bravement, sous

---

[5] À la lecture de cette observation de la part de Sven, surgit à mon esprit le spectre de cet autre peuple, puritain dans l'âme, gorgé d'Ancien Testament, le peuple états-unien, qui lui aussi est incapable d'offrir quoi que ce soit, mais recourt à l'échange déséquilibré. Pour un dollar donné, il en attend mille plus tard. S'il n'est pas satisfait, comme les Hébreux il pille, massacre et détruit.

le coup de l'indignation, prenant ainsi le risque de devoir se justifier de son acte devant le Pharaon ? « Il jeta les regards autour de lui, et comme il ne voyait personne, il tua l'Égyptien et l'enfouit dans le sable. » Moïse, « instruit, nous dit-on, dans toute la science des Égyptiens », qui devrait donc en concevoir de la gratitude, se conduit en ennemi de l'intérieur. Découvert, il s'enfuit et franchit la frontière. Accueilli par un homme qui, pour récompense de son intervention en faveur de ses filles, lui donna pour femme sa fille Séphora, il avoue à sa belle-famille que loin d'être l'Égyptien que l'on s'est efforcé de faire de lui, il n'est « qu'un hôte sur une terre étrangère », autrement dit un membre allochtone d'un corps dont il suce la moelle sans lui bénéficier.

À la perfidie de Moïse vient se mêler la perfidie de Dieu. Ce dernier, en effet, vient parler à Moïse. Il lui apprend la machination qu'il a ourdie contre le malheureux peuple d'Égypte, coupable d'avoir accueilli, nourri, protégé un peuple étranger et hostile. Promesse est faite à Moïse, instrument de la vengeance divine – surprenante *vengeance* contre qui ne mérite pas d'en être la victime, - de « délivrer de la main des Égyptiens » ses pauvres compatriotes « opprimés ». En retour d'une « oppression » qui aura consisté en une assurance de prospérité en échange de travaux de travaux publics et d'irrigation, le dieu des Hébreux frappera « l'Égypte de toutes sortes de prodiges ». À dix reprises, il accablera le pays : il corrompra les eaux du Nil, infestera le pays de grenouilles qui, ensuite, pourrissant, l'infecteront ; il y fera pulluler les moustiques puis les taons, périr chevaux, ânes, chameaux, bœufs, brebis, tout en épargnant le bétail des Israélites ; hommes et animaux subiront sur leur corps « des ulcères bourgeonnant en pustules » ; « le tonnerre et la grêle, et le feu du ciel » furent précipités sur la terre égyptienne, « hommes et bêtes », « la verdure des champs », « les arbres de la campagne » furent anéantis ; puis ce furent les sauterelles : « elles couvrirent toute la surface du sol dans tout le pays, et la terre en fut obscurcie. Elles dévorèrent toute la verdure de la terre et tous les fruits des arbres qu'avait épargnés la grêle » ; il y eut encore « trois jours d'épaisses ténèbres », que les Israélites contemplèrent depuis leurs positions où « ils jouissaient du jour ». Enfin, dans un suprême acte de cruauté gratuite, Dieu fit périr « les premiers-nés en Égypte », pas seulement des hommes mais – quelle justification peut-il y avoir à cela ? – « des animaux ». Il y eut ce jour-là « une immense clameur, car il n'y avait point de maison où il n'y eût un mort ».

La raison de ce carnage ? Pharaon refusait de laisser partir les Hébreux, ces parasites qui lacérèrent la main qu'il leur avait tendue.

Attitude absurde, d'ailleurs, car enfin n'était-il pas de l'intérêt des Égyptiens que les Hébreux s'en allassent ? C'était sans compter avec la perfidie sadique du dieu d'Israël.

Que l'on imagine un père appelant, par l'intermédiaire d'un tiers, son fils à exécuter quelque tâche. Le fils y est disposé, mais aussitôt son père insinue dans son cerveau la volonté de s'y opposer. Le fils n'y peut rien, cela est plus fort que lui ; il est prêt à obtempérer mais une voix intérieure le pousse irrésistiblement à y renoncer.

Peu avant de retourner en Égypte, Moïse reçoit les instructions de Dieu. Pharaon, lui dit-il en substance, devant les prodiges que je vais te permettre d'accomplir, vous laissera partir, toi et ton peuple. « Mais j'endurcirai son cœur et il ne laissera pas aller le peuple. »

Que Pharaon ne s'oppose point au départ des Hébreux

serait dans l'ordre des choses. Ce peuple encombrant, ingrat, démographiquement démesuré, ennemi potentiel prêt à contaminer l'État de l'intérieur, imperméable aux valeurs et aux mœurs de son pays d'accueil, les Égyptiens ne peuvent que se réjouir de s'en débarrasser. Mais ce serait là une opération trop douce pour le dieu vaniteux des Israélites. Car, précisément, ce dieu se veut le dieu de toute la terre. Il ne lui suffit pas que le peuple qu'il s'est choisi croie en lui, l'honore et le craigne, il s'agit que tous les peuples fassent de même. Formidable prétention ! Stupéfiante intolérance ! Par le truchement de Moïse et de son frère Aaron, Dieu entend réduire Pharaon à merci, infliger à ses sujets mille tourments immérités et leur offrir « une terrible manifestation de justice ». Justice ! L'offense en forme de paradoxe est ici insupportable. De l'Égypte, les Hébreux ont reçu – extorqué ? - mille bénéfices, qui seront payés au bienfaiteur par des malheurs et des deuils.

Un tel projet prend sa source dans la volonté du dieu d'Israël de ne tolérer aucun rival. Les fléaux qui s'abattront sur l'Égypte doivent convaincre le roi qu'il n'est rien sur terre d'égal au dieu des Hébreux (« afin que tu saches, sera-t-il dit au Pharaon, que nul n'est pareil à moi sur toute la terre »). Si je le voulais, affirmera Dieu par la voix de Moïse, toi et ton peuple auriez déjà été anéantis, « mais si je te laisse debout, c'est afin que tu voies ma puissance, et que mon nom soit glorifié par toute la terre. » Les Lévites, probables auteurs de l'Ancien Testament, ne tentent-ils pas ici d'imposer au peuple hébreu la conviction de sa supériorité, justifiant par avance les ravages qu'il amènera au monde jusqu'au moment où, les autres peuples s'étant entredétruits, le peuple d'Israël se dressera triomphant ?

Dieu, en fait, se contente d'une affirmation ontologique autoritaire : « Je suis, dit-il à Moïse, qui Je suis. » C'est ainsi parce que c'est ainsi : voilà toute son explication, toute sa légitimité. Vous ferez ce que je vous ordonne parce que je l'ordonne, parce que je suis celui qui est. Vous n'avez pas besoin d'en connaître davantage. Le geste sadique par lequel vous commanderez à Pharaon de vous laisser partir tout en prévenant sa décision, contre son gré, je le légitime parce que je suis moi, parce que j'ai décrété que la terre entière m'aurait pour dieu, m'obéirait et me craindrait ; et pour manifester ma toute puissance, je punirai l'Égypte pour un mal qu'elle n'entendait nullement commettre mais que je la forcerai à commettre afin que je puisse la punir.

Sadique, cruel, vaniteux, truqueur, perfide, vindicatif, Dieu est également voleur et spoliateur. Ainsi a-t-il décidé que les Hébreux, après plusieurs siècles passés à s'engraisser aux dépens de l'Égypte, auront droit à une terre à eux. Les attend-elle de tout temps, cette terre ? Est-elle la leur, prête à les accueillir ? Non pas. Elle est occupée par d'autres, dont elle est la propriété légitime. C'est « le pays des Cananéens, des Hittites, des Amorrites, des Phérézéens, des Hévéens et des Jébuséens. » Elle deviendra vôtre, annonce Dieu, parce que là « ruisselle le lait et le miel ». La spoliation divine est plusieurs fois répétée par le spoliateur : « Je chasserai les Cananéens, les Amorrites, les Hittites, les Phérézéens, les Hévéens et les Jébuséens ». La furie de Dieu ne connaît plus de limite. Non seulement les peuples de Canaan seront chassés, mais « vous renverserez leurs autels, vous briserez leurs stèles et vous abattrez leurs pieux sacrés. » Le dieu des Hébreux se révèle là tout entier pour ce qu'il est et qu'il ne cache pas : « Tu n'adoreras aucun autre dieu, car le Seigneur se nomme le Jaloux, c'est un Dieu jaloux. » Sadisme, cruauté, vanité, mensonge, perfidie, agressivité, jalousie : la liste est longue des tares de ce dieu qui entend s'imposer à tous. Pour cela, il est disposé à détruire toute culture, toute civilisation différentes de celles qu'il soutient, celles d'Israël.

Qu'est-ce que ce Canaan que Dieu, dans son iniquité pleine de rage, promet à son peuple ? Car Dieu, nouant avec les Hébreux une alliance, alors même que ce peuple, qu'il se choisit, ne fait montre d'aucun mérite particulier, est formel : « Vous serez, parmi tous les peuples, mon peuple particulier. Toute la terre est à moi, mais vous me serez un royaume de prêtres et une nation consacrée. »

L'aveu est terrible, révoltant.

Ainsi, parce que quelques scribes anonymes ont écrit un ouvrage intitulé Ancien Testament, dans lequel les phantasmes dominateurs des élites de leur peuple s'affichent sans fard, le *monde entier* doit se voir imposer un dieu unique, le dieu unique de *ce* peuple !

*La portée de ce que Sven venait de rendre évident à mes yeux me submergea soudain à la manière d'un fleuve furieux débordant ses rives. La réalité m'apparut, terrifiante : quelle raison y a-t-il au fait que l'Ancien Testament, son dieu et son peuple soient admis par tous, croyants et incroyants, comme texte, dieu et peuple sacrés, sous le joug desquels tous doivent s'agenouiller ? N'est-ce point pourtant l'inique situation dans laquelle une grande partie du monde baignent sans oser renâcler, tant ce peuple et son dieu sont décrétés intouchables ?*

De fait, le doute n'est pas permis : « TOUTE LA TERRE EST À MOI » ! C'est-à-dire : nul n'y échappera. Vous croirez tous en moi ou vous serez détruits. Beaux germes de guerres à venir. Guerres entre nations, guerres civiles, guerres entre parents et enfants, entre oncles et cousins, entre jeunes et vieux. Intolérance monstrueuse, lourde de massacres futurs.

*À cet endroit, Sven faisait une pause dans son récit*

*pour me mettre au courant de recherches qu'il avait entreprises.*

Je dois vous dire, cher ami, m'apprenait-il, qu'il m'a paru nécessaire, à ce stade de mon travail, de tenter d'en apprendre un peu plus sur le passé des régions de cet Orient Proche et Moyen qui constitue le théâtre biblique. Je pris donc un jour mon traîneau et me dirigeai vers Arborg, la ville la moins éloignée de mes bois, dans l'espoir d'y trouver une bibliothèque.

Il n'en existe pas, si l'on excepte une minuscule maison par où transitent des livres de lecture courante que les gens de la région viennent emprunter avant, lecture faite, de les rendre. Dépité, j'entrai dans un estaminet pour m'y désaltérer et m'ouvris de mes problèmes au tenancier. Un client, qui dégustait une liqueur seul à une table basse sous l'une des fenêtres, leva la tête. Il s'informa de mes désirs et m'invita à le suivre chez lui. Quelle ne fut pas ma surprise – et ma joie – d'apprendre par sa bouche qu'il avait étudié la philologie et l'histoire de l'Asie à l'Université de Reykjavik et disposait dans sa demeure d'une pièce entière consacrée aux livres. Il m'engagea à lui en emprunter plusieurs qui traitaient de la période historique et de la zone géographique qui mobilisaient mon attention. Il passerait me voir d'ici deux ou trois semaines et en profiterait pour deviser entre érudits. C'est donc grâce à lui que j'ai pu parfaire mon éducation et appréhender plus précisément la problématique induite par la Bible.

Je tiens à rappeler que mon propos n'est pas d'inscrire absolument les épisodes relatés par l'Ancien Testament dans une histoire vérifiable, ce d'autant que l'ensemble, de l'aveu même des savants d'aujourd'hui, tient davantage du conte, de la mythologie, de la fable – mais aussi de la propagande - que de la vérité historique. J'ai quand même tenu à vérifier que, dans un contexte authentique, les Israélites emmenés par Moïse étaient bien sur le point de s'emparer d'un territoire qui ne leur appartenait nullement.

Et de fait, ce pays dit « de Canaan » que le dieu des Hébreux promet si cavalièrement à son peuple était déjà, au siècle concerné (XIIIe av. JC), la terre légitime de nombreux peuples. Le récit vétérotestamentaire cite avec un profond dédain divers peuples : les Cananéens, Phéniciens sémites, intrépides marins, fondateurs (pour une partie d'entre eux) de Tyr, Sidon et Byblos, ports importants sur la Méditerranée ; les Hittites, Indo-Européens originellement installés en Anatolie centrale et qui en vinrent à disputer aux Égyptiens un espace situé en Syrie actuelle, dans les environs d'Alep ; les Amorrites, Sémites occupant l'Ouest de l'Euphrate et venant de Syrie méridionale ; les Phérézéens (Phéréziens ?), les Hévéens (Héviens ?) et les Jébuzéens, issus du Liban ( ?). Tous, n'en pouvant mais, sont promis à la destruction planifiée par Dieu. Tous, il convient de le préciser, habitaient le pays de Canaan *antérieurement* à l'arrivée des Hébreux.

La rage destructrice du dieu d'Israël, avant d'éradiquer les populations cananéennes, s'est donnée libre cours sur l'Égypte. Non content d'avoir *dépouillé* son hôte bienveillant, d'avoir quitté le pays en emportant tous les « objets d'argent, les objets d'or et les vêtements » dont il lui avait été possible de charger ses chariots, d'avoir abandonné derrière lui ruines et morts, le « peuple élu », fort de la perfidie de son dieu, sera poursuivi et ses poursuivants tués. Dieu, une fois encore, tient à satisfaire sa vanité et sa cruauté : « J'endurcirai le cœur du Pharaon, qui va se lancer à leur poursuite ; mais je triompherai glorieusement du Pharaon et de toute son armée, et les Égyptiens sauront que je suis le Seigneur ».

Il s'agit bien, en effet, d'affirmer, non seulement une supériorité mais une exclusivité. Dieu ne sera pas apaisé dans son orgueil que les Égyptiens ne se soient « humiliés » devant lui. Pareil à un gosse caractériel affirmant par la violence sa personnalité dévoyée, le dieu des Hébreux soulage Moïse d'un : « Tu vas voir ce que je vais faire au Pharaon », parole qui évoque une puérilité pathologique et exacerbée.

« Moi, poursuit Dieu, je vais endurcir le cœur des Égyptiens, pour qu'ils s'y engagent après eux [dans la traversée de la mer Rouge], et je triompherai glorieusement du Pharaon et de toute son armée, de ses chars et de ses cavaliers. » Pourquoi tant de hargne ? « Les Égyptiens sauront que je suis le Seigneur ». Et Dieu n'eut de cesse que les flots de la mer n'engloutissent l'armée lancée à la poursuite des Hébreux : « Et Israël vit les cadavres des Égyptiens sur le rivage de la mer. Israël vit avec quelle puissance la main du Seigneur avait agi contre les Égyptiens. Aussi le peuple craignit-il le Seigneur. » La soif de gloire et de pouvoir de Dieu est, de la sorte, provisoirement satisfait.

Israël s'étant défait des ennemis qui lui avaient témoigné tant de bienfaits aura affaire, lui aussi à présent, aux caprices du dieu qu'il craint et honore. La traversée du désert s'accompagnera pour les Hébreux de nombreuses privations et épreuves, alternant avec des récompenses comme on en offre à un chien qui a fait le beau. A la faim succède une pluie de cailles suscitée par leur dieu et maître. A un marchandage sordide sur la nourriture que l'on ne doit consommer qu'à moitié et dont on conserve malgré tout une partie pour le lendemain, la manne, succède le manque d'eau. L'occasion est ensuite donnée à Dieu de se livrer aux massacres qui le réjouissent tant. Un parti d'Amalécites, peuplade cousine des Hébreux, habitant entre Égypte et

Palestine, s'en prend à eux. Josué, sur ordre de Moïse, « défit Amalec et son peuple au tranchant de l'épée ». Dieu, il est vrai, adversaire des demi-mesures, avait promis : « J'effacerai la mémoire d'Amalec de dessous les cieux ».

# VI

*En conclusion de ces lignes, mon ami ne put s'empêcher d'exprimer son écœurement devant tant de brutalité, où il distinguait les prémisses de violences à venir, si tant est que le peuple hébreu, endoctriné de la sorte, dût se perpétuer. Une pareille intolérance, une telle vanité conquérante avide de sang et de destruction, tout cela fondé sur une simple croyance, celle d'être l'élu d'une divinité que l'on tenterait d'imposer à tous les peuples, préfiguraient pour le monde des jours de haine et de deuil.*

*Je considérai la suite des commentaires de Sven, tandis qu'une voix me murmurait que si la Genèse et L'Exode lui procuraient un tel haut le cœur, à lui, l'homme de la nature saine, à la droiture antique, il allait avoir besoin de courage pour consulter les autres livres, la violence et le sang n'étant encore, au stade où il se trouvait de sa lecture, qu'esquissés dans leurs descriptions et leurs conséquences les plus terrifiantes.*

Les Commandements que Moïse reçut de son dieu au sommet du Sinaï, reprenait Sven, confirmèrent mes craintes les plus inavouables : le peuple qui se croit élu hait tous les autres et son dieu lui octroie d'avance le droit de vie et de mort sur quiconque n'en est pas issu.

Le deuxième Commandement éclaire toute la suite :

« Tu n'auras point d'autres dieux devant ma face ». Il s'ensuit, doit-on comprendre, que l'on ne fera de lui, Dieu, aucune sculpture (troisième Commandement), car « *je suis un Dieu jaloux* ». Que voilà un sentiment bien humain ! Ce dieu sensé être la bonté pure est jaloux comme un enfant qui refuse de voir dans les mains d'autres enfants les jouets sur lesquels il a jeté son dévolu. Il est jaloux comme une femme qui vient de s'acheter une nouvelle robe et voit le même modèle revêtir une voisine. Que l'on transgresse son interdit et ce dieu châtiera. Châtiera-t-il ceux-là seuls qui ont ignoré ses ordres ? Non, en toute injustice, il punit « l'iniquité des pères dans les enfants, jusqu'à la troisième et la quatrième génération » ! Peut-on imaginer rien de plus inique, en effet ! Le petit-fils, né cinquante ou soixante ans après la faute de son grand-père, l'arrière-petit-fils, venu au monde quatre-vingts ou quatre-vingt-dix ans plus tard, éprouveront dans leur chair et dans leur esprit la colère du Très-Haut pour une faute dont ils n'auront sans doute même pas connaissance !

Ce dieu, donc, exclusif, jaloux, vindicatif, commande encore de ne pas tuer, de ne pas voler, de ne pas porter de faux témoignage. Éléments de sagesse que toutes les philosophies de la terre ont préconisés. Peut-on enfin se sentir apaisé ? Ce dieu de violence engage-t-il ses créatures à cesser d'y recourir ? Non, ces trois Commandements concernent l'attitude du peuple élu envers son prochain. Or, qui est son prochain ? L'Israélite, nul autre. Tu ne tueras point *d'autre Israélite* ; tu ne voleras point *d'autre Israélite*. Tu ne témoigneras point faussement à l'encontre *d'autre Israélite*. De ces *autres Israélites*, tu ne convoiteras pas l'épouse.

Les notes infrapaginales contenues dans ma version de l'Ancien Testament ne font que renforcer la conviction qui ressort du texte que nous avons affaire à un document qui porte en lui un message de mort, dont le peuple qui en adopte la teneur, s'il entend en appliquer les préceptes, ne saurait que devenir un instrument d'intolérance, d'orgueil et de sang. « Dans le contexte, précisent les notes, ce [le prochain] ne peut guère être que les Israélites ». Et comme nous sommes dans le contexte d'une invasion imminente des terres de Canaan : « certainement pas les populations cananéennes ». Il nous faut donc comprendre : Puisque les Hébreux sont un « peuple consacré », les prêtres d'un dieu jaloux déterminé à supprimer tous les autres ; puisque ce dieu leur offre un territoire qui ne leur appartient pas mais qu'il vole à ses légitimes occupants : il faut bien qu'ils obtiennent de ce même dieu le droit de mentir, de voler, de tuer, dès lors que les victimes ne sont pas des Israélites. S'acharner contre ces derniers est réservé à Dieu.

Cependant que Moïse converse avec le Seigneur son Dieu, les Hébreux, qui sont des humains et par là inconstants, s'égarent, construisent une idole – un faux dieu – et l'honorent. La vengeance de Dieu sera, comme toujours, démesurée et terrible. Par la voix de Moïse, l'instrument de sa colère, il sépare ceux de son peuple qui « tiennent à lui » de ceux qui, après tout, se sentent libres de suivre d'autres dieux. La tribu de Lévi se range du côté de Moïse. Ainsi, pense-t-on, vont-ils être récompensés puisqu'ils témoignent à leur effroyable dieu fidélité et dévouement ? C'est mal connaître le dieu de l'Ancien Testament. Il leur faudra franchir une épreuve. « Voici ce que dit le Seigneur, annonce Moïse, le Dieu d'Israël : Que chacun de vous mette l'épée à la hanche. Passez et repassez dans le camp de porte en porte, et que chacun de vous tue son frère, son ami, son parent ! »

Meurtres gratuits ! Cruauté sadique ! Sorte de catharsis sanglante imaginée par Dieu pour expurger sa rage de s'être vu opposer un dieu rival ! Il en sera satisfait, sans doute, puisque « trois mille hommes environ périrent en ce jour-là, parmi le peuple ». Et Moïse d'affirmer que c'est bien au prix du sang des proches, arbitrairement désignés, que Dieu a pardonné : « car chacun, au prix de son fils et de son frère, vous avez attiré sur vous aujourd'hui une bénédiction ». Bénédiction dont la nature pousserait plutôt à l'éviter qu'à la souhaiter. Ce dieu de sang est aussi un dieu de haine. N'affirme-t-il pas, toujours par le truchement de Moïse, qu'il éprouve envers son peuple le désir de le détruire ? « Vous êtes un peuple à la tête dure : si je me trouvais un seul instant au milieu de vous, je vous anéantirais ».

Parvenu à la fin de ma lecture de L'Exode, je m'apprêtai à affronter le pire. Le dieu d'Israël, en effet, réaffirme son intention de donner Canaan à son peuple. Pour ce faire, il l'engage à la violence : « Je chasserai les nations devant toi, j'élargirai tes frontières ». Voilà qui conclut admirablement l'invitation déjà faite à renverser les autels, à briser les stèles et à abattre les pieux sacrés des populations à conquérir.

Le livre suivant, le Lévitique, me parut sans intérêt : je n'allais pas me perdre dans les arcanes du culte israélite. Il en est de même pour le Deutéronome, énoncé des rites et des règles prescrits à ce peuple par son dieu caractériel. Il n'en pouvait sortir que des bizarreries, des idiosyncrasies malsaines qu'expliquent la géographie et l'histoire, des maniérismes découlant de la mentalité particulière du message biblique. Je me lançai donc sans attendre dans l'étude du livre des Nombres.

Ce qui frappe d'abord, toujours en prenant au mot ce qu'affirme le texte, c'est l'ampleur de la migration de l'Égypte vers Canaan : près de deux millions de personnes. Même si l'on admet que cela ait pris de très nombreuses années et qu'il y ait exagération dans l'énoncé du chiffre, il convient d'admettre que cette vague d'envahisseurs, assurés d'obtenir de Dieu une terre à laquelle ils n'ont aucun droit, ne laisse pas d'inquiéter. À plus forte raison lorsque l'on écoute les exhortations de Dieu.

Il y a dans son insistance à marteler le nom des peuples qu'il s'apprête à spolier quelque chose de sinistre, comme si le dieu des Hébreux prenait plaisir à nommer encore et encore ses futures victimes. Comme, aussi, s'il voulait procéder à un véritable lavage de cerveau dont le terme, par l'intermédiaire de Moïse, serait l'accomplissement d'un mystique – et pourtant bien réel – génocide.

Mot terrible ! C'est néanmoins de cela qu'il s'agit.

En désignant les Amalécites, qui « habitent le Négeb », les Hittites, les Jébuséens et les Amorrites, qui « habitent la montagne », et les Cananéens, qui « habitent du côté de la mer et le long du Jourdain », Dieu précise, toujours par la voix de Moïse, que les Israélites doivent s'emparer du pays et le conquérir. « Il faut seulement ne pas vous révolter contre le Seigneur, entonnent Josué et Caleb, et ne pas avoir peur des peuples de ce pays : ils seront notre pâture. »

*Ils seront notre pâture* ! Ce peuple vaniteux et sanguinaire qu'est Israël entend faire des peuples qu'il va spolier de leur terre sa *pâture* ! Fièrement, il ajoute : « Plus de salut pour eux, car le Seigneur est avec nous ». Combien il est aisé, lorsque l'on s'apprête à accomplir un acte infâme, d'invoquer l'onction de Dieu pour le légitimer ! C'est donc au nom d'une sorte d'univers métaphysique, d'une divinité à laquelle ils sont libres de croire mais que les autres peuples devraient également être libres de rejeter comme illusoire et étrangère à leur histoire, à leurs mœurs, à leur culture, que les Hébreux sont décidés à traiter ceux qu'ils désignent comme leurs ennemis, sans que ces derniers les aient en rien provoqués, à la manière dont on traite le bétail : une pâture. Les Cananéens sont donc juste bons à être broutés ! Et qui permet que cet acte ignoble advienne ? Un Dieu réputé bon, créateur de tout et de tous, qui aime ses créatures !

Ce dieu a trop de traits anthropomorphes pour ne pas être l'œuvre d'humains imbus de la supériorité de leur race.

L'arbitraire des décisions qu'il impose, l'injonction faite à Moïse d'envoyer une escouade établir un inventaire des richesses de la région qu'ils vont piller, en prenant la peine de considérer « si la terre est grasse ou maigre, boisée ou dénudée » et d'en ramener « des fruits du pays », les accès de colère qu'il manifeste soudain, l'impitoyable et mesquine cruauté dont il fait preuve, tout cela ressortit trop à des défauts d'hommes pour que l'on n'en scelle pas l'évidence.

La rage destructrice qui ponctue l'offense qu'il prétend avoir subie de la part de son peuple suffit à classer ce dieu parmi les tyrans mégalomanes les plus dangereux. Invoquant sa « Gloire et les prodiges » qu'il a réalisés en terre égyptienne et dans les solitudes désertiques, il fait grief aux Hébreux de ne pas en avoir tenu compte, de l'avoir, au contraire, provoqué à de multiples reprises, de n'avoir point prêté attention à ses exigences. À cause d'une telle attitude, « aucun ne verra le pays que j'ai promis avec serment à leurs pères. Aucun de ceux qui m'ont méprisé ne le verra », étant établi que s'être égaré dans la création d'images de Dieu – l'homme, après tout, connaît par les sens, il a donc besoin de voir, de se représenter, de toucher – est insultant pour celui dont l'inconsistance matérielle y incite. La sanction, comme d'habitude de la part de ce dieu excessif, est disproportionnée : « Quant à vos cadavres, ils tomberont dans le désert, où vos fils garderont leurs troupeaux durant quarante ans, expiant vos infidélités jusqu'à ce que vos cadavres soient pourris dans le désert ».

Paroles apaisantes d'un dieu d'amour et de pardon !

Nul ne s'étonnera, dès lors, que le *peuple* d'un dieu aussi tyrannique et cruel témoigne, lui aussi, d'une cruauté sans pareille. Ne cédant que devant plus fort que lui – Édom, peuple frère d'Israël, ayant fait pièce, les armes à la main, à leurs velléités agressives, les Hébreux en contournent le territoire, - le « peuple élu » invoque Dieu afin qu'il lui livre ses proies. Les Cananéens étant résolus à résister à l'envahisseur, les Israéliens, soutenus par Dieu, les conquièrent et vouent leurs villes à l'interdit. Puis ils s'emparent de tout le pays amorrite, y répandant le feu et la mort. Ils attaquent ensuite le pays situé à l'est du cours supérieur du Jourdain, dans la partie méridionale du mont Hermon, également appelé Sihon, Shanir ou Sirion, pays dont le nom est Basan. Ils en massacrent tous les habitants, « sans qu'il en restât un seul ».

Contre les Madianites, descendants d'Abraham par son fils, Madian, dont quelques filles ont entraîné les Israéliens dans l'adoration coupable d'un dieu rival (Phégor), il s'acharne particulièrement. Après avoir permis que Phinéès, petit-fils du « prêtre Aaron », transperce l'un des siens et la jeune Madianite qui l'accompagne, en visant, vicieusement, au ventre, garantissant une mort dans d'atroces souffrances, Dieu s'écrie : « Attaquez les Madianistes et tuez-les ! » et, encourageant Moïse dans ses basses œuvres, il poursuit : « Assouvis sur les Madianites la vengeance des Israélites [...]. Ils attaqueront Madian pour exercer sur lui la vengeance du Seigneur ».

Ce dieu mesquin, jaloux de sa puissance, intolérant et guerrier sera écouté au-delà de ses espérances. Douze mille hommes, dit le texte, déferlèrent sur Madian. Ils y massacrèrent tous les hommes et les rois de toutes les provinces, puis, comme il est de tradition chez les Hébreux, ne pouvant se contenter d'emmener prisonniers les femmes et les enfants, ils s'attaquèrent aux animaux : « Ils pillèrent tout leur bétail, leurs troupeaux et tous leurs biens. Ils mirent le feu à toutes les villes qu'ils habitaient et à tous leurs campements. Ils prirent tout le butin et toutes les dépouilles, bêtes et gens, et les amenèrent à Moïse, au prêtre Eléazar et à l'assemblée des Israélites ».

Il me paraît important, à ce stade, d'examiner le personnage de Moïse.

En assemblant les éléments qui concernent son attitude, on est en mesure de construire de lui une image psychologique assez exacte. Personnage orgueilleux, sans doute intelligent et capable, mais retors, il semble avoir absorbé et fait siens non seulement les ordres que lui signifie le dieu auquel il croit, mais également sa mentalité. La jalousie de ce dieu, sa vindicte, sa cruauté, sa perversion l'habitent pleinement. Il est, lui aussi, sujet à des colères aussi soudaines qu'outrancières, comme le montre la manière dont il brise les tables de la Loi ; lui aussi puise dans son instinct meurtrier pour tuer sans pitié, d'autant plus qu'il pense que son geste restera impuni car exécuté sans témoin : la façon dont il assassine le contremaître égyptien puis l'enterre subrepticement l'atteste. La cruauté de Dieu a pénétré son être, s'est instillée dans chacun des neurones de son cerveau (vous voyez, cher ami, que j'ai appris, grâce à vous, bien des choses de votre monde contemporain et de son vocabulaire scientifique). Ainsi, lorsque l'armée israélite revient du carnage qu'elle a opéré en terre madianite, Moïse s'exclame : « Quoi donc ! vous avez laissé la vie à toutes les femmes ! »

Je songe ici à ce que vous m'avez expliqué de la chevalerie médiévale. J'en ai retenu que les chevaliers apprenaient à respecter les faibles et celles qui, de par la noblesse de leur mission et la délicatesse de leurs membres, appellent hommage et protection : les femmes. Rien de tel chez Moïse, le chef de ce peuple haineux des autres peuples, prêt à effacer de la surface terrestre quiconque fait obstacle à leurs ambitions. Moi qui ai grandi et évolué dans le monde dur et superbe de la nature nordique, où l'on tue exclusivement pour se nourrir, survivre ou se défendre, l'esprit génocidaire des Israélites heurte mes sentiments autant que ma raison. L'absence d'illusion divine, remplacée par la vague croyance, inoffensive en elle-même, à des homoncules surnaturels, à des fées et des lutins qu'abritent les troncs des arbres, les roseaux des rivages, les flots paresseux ou féroces des fleuves, nous a dispensés, nous, peuples du septentrion, de nous imaginer supérieurs, prévenant ainsi toute tentation d'éradiquer du monde les peuples qui ne nous ressemblent pas ou qui pensent autrement que nous. Le peuple de la Bible, ce peuple qui prétend être l'élu d'un dieu de rage et de sang, justifie, de par sa mentalité essentiellement sanguinaire et dédaigneuse de la vie des autres, que l'on s'interroge sur ce que son existence peut représenter de menace pour quiconque n'est pas lui.

Tout imprégné de la violence de son dieu, Moïse se déchaîne : « Allez ! Tuez tous les petits garçons, toutes les femmes qui ont connu la couche d'un homme » ! Le passé et le présent des Madianites bientôt éradiqués, leur restera-t-il l'avenir ? Après avoir commandé le massacre de garçons innocents, Moïse fera-t-il acte de mansuétude à l'encontre des petites filles, peu susceptibles de figurer un jour une menace pour les Hébreux ? C'est mal connaître le dieu qu'il représente. Les jeunes vierges, de quelque âge qu'elles soient, ne sauraient être épargnées. « Les petites filles, ordonne-t-il, qui ne l'ont pas connue [la couche d'un homme], laissez-les vivre ». Enfin, un peu de compassion ? Certainement pas. Pour quelle raison laisser vivre ces innocentes ? Moïse répond, dans toute la clarté de son tempérament violent :

« Laissez-les vivre pour vous ».

Qu'est-ce qui amène ce chef sadique à épargner les petites filles ? Pour qu'elles servent un jour de servantes, de maîtresses, d'esclaves aux Israélites : épargnez-les *pour vous*, c'est-à-dire pour votre bon plaisir, votre satisfaction de mâles, de maîtres, d'égorgeurs ! Le reste, c'est-à-dire le butin : les montagnes d'or, d'argent, de bronze, de fer, d'étain, de plomb, les bijoux, les chainettes, les bracelets, les anneaux, les boucles d'oreilles, les colliers, tout cela, les Hébreux se le partageront. Cela se fera dans l'équité : une équité réservée aux Israélites, jamais aux autres peuples. Les légitimes habitants de Basan, de Galaad, les Amorrites, tous ceux qui se trouvèrent sur le chemin des Hébreux, furent pareillement massacrés, leurs biens volés, leurs villes incendiées.

La rage destructrice de Dieu, tout comme celle de Moïse, ne connaît plus de frein. Aux Israélites, promesse est renouvelée de leur offrir les territoires qu'ils jugeront dignes de leur appartenir. « Vous chasserez devant vous tous les habitants du pays, vous détruirez toutes leurs pierres sculptées, toutes leurs statues de fonte, et vous dévasterez tous leurs hauts lieux ». Mépris pour leur culture, leurs mœurs, leur idée du sacré ; tout doit disparaître, être effacé de la terre qui les a vus naître. « Vous prendrez possession du pays pour l'habiter ; car c'est à vous que je le donne ». Existe-t-il une loi leur reconnaissant la propriété du pays ? Non. Seule la loi hypothétique d'un dieu illusoire se permet de le décréter. Encore convient- il aussi de se débarrasser de futurs ennemis. Quoi de plus efficace, dans cette perspective, que de tuer tout le monde ? Dieu se le promet avec délectation : « Mais si vous ne chassez point devant vous les habitants du pays, ceux que vous laisserez seront pour vous comme des épines dans vos yeux et des pointes dans vos flancs ; ils vous harcèleront dans le pays où vous demeurerez » - pays, souvenons-nous en, qui est le leur.

Moïse, général sanguinaire d'un dieu de colère et de sang, étale sa générosité envers son peuple, au détriment des populations exterminées. Il lui permet d'élever des murailles pour les hommes et des enclos pour les troupeaux volés. Il donne aux uns « le royaume de Séhon, roi des Amorrites », aux autres « celui d'Og, roi de Basan », royaumes richement pourvus avec « leurs territoires, les villes du pays avoisinant ». A d'autres encore, il offre Galaad, « après en avoir chassé les Amorrites qui s'y trouvaient », dont les bourgs changèrent de main et de nom. Ensuite, l'armée d'invasion se remet en route. Déserts et montagnes, rivages et terres habitées, villes et hameaux subissent la marche inexorable de ces hordes criminelles. Malédictions, menaces, exhortations suivent leurs pas, tant ce dieu de fureur tient à affirmer son emprise.

Enfin, après tant de meurtres, Moïse meurt à son tour. Josué lui succède.

Je m'imaginais qu'après le sanglant Moïse, fidèle exécuteur des basses œuvres de ce dieu abominable, son successeur témoignerait de davantage d'humanité. Je fus consterné de voir qu'il n'en était rien.

Avec Josué, on entre dans un tourbillon sanguinaire

déroulant presque mécaniquement ses litanies criminelles.

À l'origine de la conquête israélite de terres appartenant à d'autres se trouve la volonté d'un dieu d'injustice, de jalousie, de pulsions caractérielles, avide de meurtres et de carnage. Le texte biblique réitère l'affirmation selon laquelle les peuples que les Hébreux attaquent résistent – et encourent donc l'extermination – parce que « le dessein du Seigneur était que le cœur de ces peuples s'obstine à faire la guerre à Israël et qu'on pût ainsi les vouer à l'interdit sans pitié et les exterminer, comme le Seigneur l'avait ordonné à Moïse. » Ainsi, de Moïse à Josué et à ses successeurs, l'enchaînement des massacres se poursuit car il plaît à ce dieu d'éliminer quiconque n'est pas du peuple qu'il s'est choisi. On retrouve ici le piège qui a si bien fonctionné pour Adam et Eve puis en Égypte : ceux que Dieu punit n'ont pu éviter de transgresser sa Loi puisqu'il leur a lui-même interdit de le faire en les privant de volonté. Cela équivaut à dire à un homme : cet objet, tu ne dois pas le toucher, sinon je sévirai contre toi avec la plus extrême sévérité ; en même temps, tout désir de ne pas toucher à l'objet est étouffé par l'action même de celui qui pose l'interdit. Il y a donc dans le procédé un sadisme, une perversion dont peu de tyrans ont fait preuve.

La volonté du dieu d'Israël est franchement génocidaire. Il suffit pour s'en convaincre de suivre le déroulement des opérations de conquête. Ce dieu est d'ailleurs si pervers qu'il dirige, selon son humeur, souvent contre les siens sa cruauté.

Comme il exige d'eux absolue soumission et obéissance aveugle – « aie toujours à la bouche les paroles de ce livre de la Loi ; médite-le jour et nuit, pour te conformer à tout ce qui s'y trouve » - il exige de tout contrevenant qu'il soit massacré. S'adressant à Josué, à qui, au titre de lieutenant de Dieu, incombe la même soumission, la même obéissance, il lui dit : « Tout homme qui sera rebelle à tes ordres et n'obéira pas à tes commandements sera mis à mort. » Joignant le geste à la parole, Dieu fournit sans tarder un témoignage de son inflexibilité.

L'occasion s'en présente lors de la prise de Jéricho. La malheureuse ville, qui a la malchance de figurer sur le chemin des envahisseurs, tombera parce qu'elle est stratégiquement importante. Nœud de communication, très proche du Jourdain, elle constitue une prise intéressante. Le mythe des sept trompettes résonnant au cours de sept tours de ville pendant sept jours, dont le résultat sera l'écroulement des murailles, n'atténue en rien, en dépit de son pittoresque, le forfait ni ne l'excuse.

Forfait de la traîtrise, d'abord.

Josué envoie à Jéricho des espions. Une femme nommée Rahab, sans doute tenancière d'auberge, toute remplie de la foi aveugle qu'elle voue au dieu des Israélites, leur ménage un abri et les dissimule. Trahissant ses frères, elle supplie les envoyés de Josué d'épargner sa famille lorsque les hordes submergeront la cité. Au moyen d'un cordon rouge fixé à une fenêtre, elle signalera sa maison aux soldats. Le jour de l'attaque arrive ; Josué, à qui un songe a suggéré une stratégie, lance autour de Jéricho la sarabande musicale. Les murailles, effectivement, s'écroulent. D'explication à ce phénomène, il n'est pas utile de se préoccuper : la vibration particulière des trompettes, mille fois répétée, suffit-elle à fissurer la pierre ? La physique contemporaine l'interpréterait peut-être ainsi. L'important, toutefois, est le résultat : la prise de Jéricho est la première d'une longue théorie de massacres perpétrés par les Israélites.

Peu avare de détails macabres, le texte biblique énonce une comptabilité triomphante. Si la colère arbitraire de Dieu s'était déchaînée contre l'Égypte, tuant ses habitants par milliers, elle n'avait néanmoins pu anéantir toute sa nombreuse population. Cette fois, elle est en mesure de le faire. Au cri de guerre des Israélites, répond la clameur de détresse des citoyens de Jéricho. Tous furent massacrés, passés, dit le texte, « au fil de l'épée ». Homme contre homme ? Soldat contre soldat ? Ce n'est point là l'esprit du monothéisme hébraïque. Il ne saurait y avoir trace, ici, de cette distinction entre combattants et non-combattants qui est la marque des conquérants civilisés. On tua donc tout le monde, « hommes et femmes, enfants et vieillards » ; et comme ce peuple est un peuple sanguinaire et morbide, on y joignit « jusqu'aux bœufs, aux moutons et aux ânes » ! Enfin, « on brûla la ville et tout ce qu'elle contenait », à l'exception – ce peuple baigne dans l'avidité – de « l'argent et l'or, et tous les objets de bronze et de fer ». Quant à la femme qui est désignée sous le nom de « prostituée » (et qui, en effet, se prostitue aux intérêts d'un peuple étranger criminel en trahissant les siens), Rahab, elle aura la vie sauve et sa famille avec elle. On est presque surpris de constater que pour une fois, les Israélites, élus d'un Dieu hypocrite et cruel, respectent leur parole.

L'abomination dont ont fait preuve les Hébreux pousse à s'interroger. Abattre la ville de Jéricho, l'occuper, en détenir désormais les rênes ne suffisent-ils pas au vainqueur ? Pourquoi en faire disparaître toute vie et toute trace de ce qu'elle a été ? Car « maudit soit devant le Seigneur quiconque tentera de rebâtir cette ville de Jéricho » ! C'est que le peuple élu et son dieu exigent l'exclusivité. Prévoyants, ils s'efforcent de prévenir toute résurgence d'un peuple qui, un jour peut-être, pourrait rivaliser avec eux. Dépositaires d'une religion qui est l'épitomé maniaque d'une intolérance pathologique, les

Israélites entendent se prémunir contre tout système susceptible de concurrencer le leur. Une cohabitation ne nuirait ni aux uns ni aux autres, elle les renforcerait mutuellement, au contraire ; mais telle n'est pas la mentalité israélite : *nous seuls* constitue l'alpha et l'oméga de leur credo et de leur vision du monde.

Malheur à celui qui, issu de leurs rangs, contrevient à leur Loi. Un homme du nom d'Acan s'en aperçoit bientôt.

Attiré par le gain, appâté par le bien des autres, Acan ne résiste pas à s'approprier quelques menus objets saisis à Jéricho, objets qui ne sauraient manquer à leurs propriétaires puisque tous ont été massacrés. Devant ce « manteau de Sinéar » (lieu dans la plaine de Babylone), ces « deux cents sicles d'argent » et ce « lingot d'or » découverts dans la tente d'Acan, le courroux de Dieu s'est donné libre cours. Acan seul en sera-t-il la victime ? Sinon lui seul, du moins lui et sa famille ? Ce serait là pourtant expiation suffisante. C'est n'avoir pas compris la psychologie de ce dieu vicieux et inique. « Le courroux du Seigneur s'enflamma contre les Israélites ». Punir par synecdoque, voilà comment fonctionne ce dieu d'amour. Torturer l'ensemble pour effacer la faute d'un seul. Nul ne songerait à plaindre les Israélites : hésitent-ils à tuer tout le monde lors de leurs razzias infâmes ? Sous l'angle d'un jugement équitable, cependant, force est d'admettre que punir au-delà des seuls coupables est ignoble.

Mais Dieu n'est pas si regardant. Josué, encouragé par sa victoire contre Jéricho, lance quelques explorateurs vers sa prochaine proie : Aï, à l'est-sud-est de Béthel. Ils en reviennent confiants : « Il est inutile d'y faire monter tout le peuple, deux à trois mille hommes suffiront à s'en emparer ». Se surestimer n'est-il pas la tare des peuples orgueilleux ? Ils eurent à s'en repentir, car « ils furent mis en fuite par les gens d'Aï qui leur tuèrent trente-six hommes, les poursuivirent depuis la porte de la ville jusqu'à Sabarim et les frappèrent encore sur la pente ». Trente-six Israélites contre des milliers d'hommes, de femmes et d'enfants à Jéricho, voilà qui rétablit l'équilibre. Mais les Israélites, peuple fragile dès qu'ils ont l'impression que leur dieu les abandonne, sombrèrent dans la consternation et perdirent tout courage.

Josué, dictateur sanguinaire et violent, s'abîme dans l'hystérie. Il « déchira ses vêtements et se prosterna, la face contre terre, jusqu'au soir, devant l'Arche du Seigneur[6] ». Sa bouche exprime la doctrine de son dieu : s'il est si important de détruire toute vie parmi les peuples conquis ou à conquérir, c'est qu'on doit les soupçonner de reprocher à Israël son existence même. Car, vocifère Josué, la défaite (mineure) que vient de subir le peuple élu fera bientôt le tour de Canaan, donc « tous les habitants du pays vont l'apprendre ». Alors, amour-propre blessé ? Vanité souillée ? Non pas : « Ils nous encercleront et feront disparaître notre nom de la terre ». Juger l'autre dans les termes mêmes d'une mentalité qui nous appartient en propre est caractéristique des tempéraments aveugles, uniquement tournés vers eux-mêmes. Pour un Israélite, qui tend à pervertir mentalement tout ce qu'il examine, quiconque n'est pas Israélite agit par perversion. Il y trouve une excuse à ses abominations : si le peuple hébreu massacre, extermine ceux qui ne sont pas de son sang, c'est parce que ses victimes envisagent d'abord son propre anéantissement. Au vu de ce que font les Israélites, si tel

---

[6] *En ayant lu toutes ces pages au cours desquelles mon ami décrit les massacres israélites, je ne puis m'empêcher de substituer* Saigneur à Seigneur *en songeant au dieu d'Israël.*

était le cas, pourrait-on leur donner tort ?

La défaite humiliante de quelque deux ou trois mille Israélites face aux habitant d'Aï doit, de leur point de vue, être vengée. La cause en est le parjure, celui qui, au sein d'Israël, a contrevenu aux ordres du Seigneur. On se saisit donc d'Acan et de son clan. Pas de demi- mesure, comme à l'accoutumé : « Et tous les Israélites les lapidèrent. On les brûla au feu après les avoir lapidés ». Fut-ce l'un ou l'autre ? Peu importe : la pratique est digne du peuple qui l'a établie. Point de jugement sans apriori, comme il sied à une population ayant de la grandeur d'âme, point de châtiment à la mesure du préjudice. La mort, certes, Acan l'a sans doute méritée – encore que, pour un manteau et quelques objets ... - mais une mort digne, qui respecte l'intégrité du condamné. À Rome, on ne frappait point au visage pour ne point mutiler l'image personnelle de celui qui, après tout, avait été un compatriote, un être de valeur. Chez les Israélites, rien de tel. Des pierres par centaines, par milliers, qui ne laissent du supplicié plus aucune trace humaine, qui le réduisent à une bouillie d'homme. N'est-on pas là dans la logique d'une perversion inhérente à ce peuple ? Exterminer jusqu'au dernier homme, jusqu'à la dernière femme, jusqu'au dernier enfant une population dont on ne se rappellera plus qu'elle ait jamais existé ne va-t-il pas de pair avec l'effacement des traits d'un visage, du contour des membres de qui a été, après tout, un être humain ?

Irrespect absolu pour l'autre, pour la vie qui n'est pas sienne, qui n'est consubstantielle ni à sa propre manière de voir, de penser, d'agir, ni aux valeurs que l'on professe : telle est la réalité israélite.

On eût dit que le carnage de Jéricho suivi de celui du clan d'Acan avaient excité chez les Hébreux le goût du sang. Aï avait résisté, ses habitants avaient osé tuer quelques dizaines d'envahisseurs contre lesquels ils n'avaient fait que se défendre : ils allaient le payer cher.

La ville allait tomber par la ruse.

Comme à son habitude, le dieu de mansuétude annonce qu'il va « livrer » aux Israélites une terre à laquelle ils n'ont aucun droit. L'Ancien Testament affirme que près de trente mille hommes participèrent au massacre. Ses exégètes réduisent ce chiffre à une proportion plus raisonnable : entre 3000 et 5000. Conscients qu'une nouvelle résistance les attendait, ils conçurent une embuscade. Un parti d'Israélites attirerait le gros des troupes ennemies hors de la ville, tandis que l'armée des Hébreux entrerait dans la cité dégarnie. « Tu traiteras Aï et son roi comme tu as traité Jéricho et son roi », précise Dieu. Le pire est donc certain. De fait, l'armée israélite « se rua dans la ville, l'occupa et s'empressa d'y mettre le feu ». Cependant, les soldats tombés dans le piège, alertés par la fumée qui s'élevait de leur ville, voulurent faire demi-tour. Aussitôt, les hommes de l'embuscade se retournèrent et les poursuivirent. Pris entre les égorgeurs dans leur dos et les égorgeurs acharnés contre la cité, les habitants d'Aï eurent droit à une extermination d'une cruauté inouïe. « Il ne resta ni survivant ni fuyard ». Le « massacre des habitants » ne cessa qu'après que « tous, jusqu'au dernier, eurent été passés au fil de l'épée » ; les assaillants « égorgèrent toute la population. Le total des gens de Aï qui périrent ce jour-là fut de douze mille », comme de coutume « hommes et femmes », sans distinction. Après avoir volé « le bétail et le butin de la ville » (pour une fois, le bétail ne fut point exterminé), Josué « livra Aï aux flammes et en fit pour toujours un monceau de cendres ». Allait-il traiter son roi en respectant sa dignité, celle d'un vaillant guerrier, vaincu par plus nombreux, plus acharné, plus avide, plus sournois que soi ? Certes, non. « Il fit pendre à un arbre le roi d'Aï et l'y laissa jusqu'au soir ». Au moins, le soir venu, lui assura-t-il la sépulture qui convient à un souverain qui ne vous a causé aucun tort que vous n'ayez vous-même provoqué ? « Au coucher du soleil, il fit descendre de l'arbre le cadavre, qui fut jeté à l'entrée de la ville ». Nulle considération donc pour un adversaire vaincu, car sa mort est due à un dieu exterminateur et non à un différend s'étant résolu dans une lutte loyale.

La suite n'est qu'une interminable accumulation de carnages complaisamment étalés dont les conséquences s'énoncent en un refrain macabre.

Pour soutenir les exactions de son peuple, Dieu crache sur les populations d'Hébron, de Yarmut, de Lachis, d'Eglon des cataractes de grêlons et « ceux qui périrent sous cette averse de grêle furent plus nombreux que ceux que les Israélites firent périr par l'épée ». Ce dieu d'amour veille à l'équilibre des forces ; jugeant que les Hébreux ne sont probablement pas assez rapides dans les massacres qu'ils causent, il estime nécessaire de les aider. Les populations désormais exterminées, Josué s'emploie à assassiner leurs rois. Ceux-ci, sachant qu'ils n'avaient rien à espérer de leur ennemi, se cachèrent dans une caverne, à Makéda. On les y enferma en roulant devant l'entrée de grosses pierres. « Lorsque Josué et les Israélites eurent achevé, jusqu'à l'extermination, leur grand massacre », on extirpa les rois de leur grotte. On leur fit subir le joug du vainqueur : Josué invita les Hébreux à « poser le pied sur le cou de ces rois », ensuite il « les frappa à mort et les pendit à cinq arbres, où ils demeurèrent attachés jusqu'au soir. Vers le coucher du soleil, il les fit descendre des arbres et jeter dans la caverne où ils s'étaient réfugiés. On posa à l'entrée de grosses pierres », permettant ainsi qu'ils pourrissent sans honneur.

Les Israélites ne perdirent point de temps : « Le même jour, Josué s'empara de Makéda, qu'il fit passer au fil de l'épée avec son roi [...] sans épargner personne. Il traita le roi de Makéda comme il avait traité celui de Jéricho ». Suivirent, dans l'ordre : Libna, que le Seigneur livra, ainsi que son roi, à Israël, « qui la fit passer au fil de l'épée avec tout être vivant, sans épargner personne » ; Lachis, qu'on « fit passer au fil de l'épée avec tout être vivant, comme il avait été fait à Libna » ; à son secours, le roi de Gaser, Horam, se précipite : « Josué le défit, lui et son peuple, jusqu'à complète extermination » ; Eglon : les Israélites la prirent, « la firent passer au fil de l'épée, elle et son roi, ses faubourgs et tout être vivant, sans épargner personne » ; Débir : Josué s'empara de son roi et de ses faubourgs et « les fit passer au fil de l'épée. Il en voua toute âme vivante à l'interdiction[7], sans épargner personne ». Et toujours, les populations menacées ne baissèrent point pavillon puisque « le dessein du Seigneur était que le cœur des peuples s'obstine à faire la guerre à Israël » afin que ce dernier pût les exterminer jusqu'au dernier de leurs races.

La litanie de l'épouvante se poursuit avec Asor. Son roi, Jabin, mobilise avec raison les pays menacés : Madon, Séméron, Acsaph, les Hittites, les Phérézéens, les Jébuséens, les Hévéens. Peuples évolués, vivant dans d'orgueilleuses cités, maîtrisant les chevaux et les chars, tout ce que haïssent les Israélites, peuple du désert stérile. Josué « tomba sur eux à l'improviste » ; fidèle à lui-même, il « les frappa jusqu'à ce qu'il n'en restât plus un seul ». Asor, en particulier, connut un sort tragique. Les Israélites « passèrent au fil de l'épée toute âme vivante dans cette ville [...]. Il ne resta pas âme qui vive, et on incendia Asor. » Nulle raison de s'arrêter en si bon chemin : « Josué

---

[7] C'est-à-dire au massacre.

prit toutes les villes de ces rois coalisés, et ces rois eux-mêmes ; il les passa au fil de l'épée [...]. Tout le butin de ces villes, avec le bétail, les Israélites le pillèrent ; mais tous les hommes, ils les massacrèrent par le glaive, sans en rien laisser, jusqu'à complète extermination », de sorte que, de Dieu à Moïse et de Moïse à Josué, l'ordre de faire de la Terre promise une *terra rasa* pour qu'Israël pût y établir son règne d'abomination universelle devînt réalité.

Pareil à un livre de compte dans un bureau d'usurier, l'Ancien Testament cite la liste des rois vaincus : de Séhon à Tirsa, en passant par Og, par les rois de Jéricho, de Jérusalem, d'Hébron, de Yarmut, de Lachis, d'Eglon, de Gazer, de Debir, d'Arad, de Séméron, etc. : en tout, trente et un roi, c'est-à-dire trente-et-un massacres, trente-et-une entreprises d'extermination. Quel homme, quel guerrier est-on quand on ouvre d'un coup de glaive la gorge d'un bambin ou d'une femme, qu'on s'y livre de sang-froid, sans sourciller, sans un battement de cœur autre que de jouissance, l'âme en paix, sûr de son bon droit et de sa bonne conscience ? Comment vouer à un tel peuple autre chose que de la haine ? Comment souhaiter autre chose qu'une prompte et impitoyable vengeance ? Comment s'étonner que ce peuple haineux de tous ceux qui ne sont pas lui ait attiré la haine de tous ses voisins ?

Insatiable, Dieu ne laisse à son peuple aucun repos. À Josué, le massacreur, il dit : « Il te reste encore une grande partie du pays à conquérir ». Mais déjà, le partage s'effectue : à Caleb, à Juda, à Joseph, à Benjamin, à Siméon, à Zabulon, à Issacar, à Aser, à Nephtali, aux Danites, aux autres tribus, la Palestine, la Transjordanie sont dépecées et offertes. Chacals se repaissant de la charogne qu'ils guettaient et qu'ils ont eux-mêmes créée, les Israélites dévorent leur proie. Dieu les engage à ne point épargner ceux qui ne sont pas de leur race. Par la voix de

Josué, à l'article de la mort, il les exhorte : « Ne vous mêlez point à ces nations qui séjournent parmi vous ». Déjà, lorsque les habitants de Gabaon, terrorisés par le sort de Jéricho, étaient venus inviter les Hébreux à nouer alliance avec eux, jurant qu'ils étaient un peuple venu de loin, Josué, ayant éventé leur ruse et n'osant les tuer puisqu'ils étaient protégés par les Lois du dieu qu'ils avaient accueilli, les condamna « à couper du bois et à puiser l'eau pour toute la communauté », éternellement, car il n'était pas question que les populations du peuple élu et les populations palestiniennes se mélangeassent. A la veille de disparaître, Josué renouvelle l'interdiction : « Si vous vous unissez aux restes de ces nations qui séjournent parmi vous, si vous vous alliez à elles par des mariages, sachez que le Seigneur votre Dieu cesserait de les déposséder à votre profit ». Aveu sordide et clair : il s'agit de les *déposséder*, donc de leur ôter ce qu'elles *possèdent* de pleine autorité. Comme ce dieu n'est pas celui des atermoiements, il menace : « Si vous transgressez l'Alliance [...], la fureur du Seigneur s'enflammera contre vous, et vous disparaîtrez vite du pays fertile qu'il vous a donné ».

Le dieu qui, de son propre aveu, est un « Dieu jaloux, qui ne pardonnera pas vos rébellions et vos péchés », vous enjoint à éliminer tous les autres dieux, au détriment de leurs coutumes : ceux des Égyptiens, ceux des nations « au-delà du Fleuve » (la Mésopotamie). Seul doit subsister le dieu intolérant, haineux, inique, pervers et sadique d'Israël.

*Je fus soulagé que Sven observât ici une pause. Ce déversement de sang et de massacres me révulsait. Je ne fus point étonné lorsque je lus sous sa plume, tandis qu'il reprenait son discours :*

Vous avouerai-je que la mort de Josué m'atteignit à la manière d'un baume. Enfin, me dis-je, cet homme abominable meurt à son tour ! Il s'en va rejoindre dans l'oubli ces centaines de milliers de victimes que son fanatisme a causées. Dommage qu'il n'ait à endurer d'autre souffrance que celle de se constater effectivement mortel. C'est avec appréhension, vous l'imaginez aisément, que j'abordai le livre suivant, celui des Juges.

# VII

*Je peinai à m'endormir, la nuit où je finis de lire le précédent chapitre. Les descriptions de Sven, la longue et pénible litanie des massacres israélites ne me procurèrent qu'un sommeil agité de cauchemars et de réveils soudains, au cours desquels je me retrouvais en sueur dans le tortillon de mes draps.*

*Je demeurai sans nouvelles de Sven durant plus de six semaines. Enfin, un matin, le courrier vint, m'apportant parmi deux ou trois lettres un paquet dans lequel je reconnus à l'instant la manière si particulière et si précise qu'avait mon ami d'encartonner ses manuscrits.*

*Après les préliminaires d'usage, il se lançait dare-dare dans le vif du récit.*

Ces Juges que j'avais pris pour des magistrats chargés d'administrer la Justice s'avèrent, dans l'Ancien Testament, des sortes de chefs de tribus, appelés, après la mort de Josué, à lui succéder. Je fus surpris de constater que même Samson, le plus célèbre d'entre eux, était loin de posséder la stature du chef disparu. Après Moïse, après Josué, ces généraux cruels, perfides et sanguinaires, les Hébreux s'en remirent à des caricatures de chefs.

Juda fut le premier à diriger le peuple élu une fois Josué couché parmi ses ancêtres. Les thèmes poursuivis, la mission, les procédés ne varient ni dans leur nature ni dans leur mode d'exécution. À l'invitation faite par Juda à Siméon, son frère, de combattre les Cananéens, que Dieu leur livrait, ils s'occupèrent comme il se devait de leur premier prisonnier de prestige, Adoni-Bézeq. Ils « lui tranchèrent les pouces des mains et des pieds » ; fantaisie apparemment pas imméritée, Adoni-Bézeq lui-même s'étant adonné à ce genre de divertissement envers soixante-dix rois. Puis les vainqueurs de ces peuples raffinés et subtils s'emparèrent de Jérusalem. Ils en passèrent comme de coutume « les habitants au fil de l'épée et mirent le feu à la ville ». À cette prise, ils ajoutèrent celle d'Hébron, celle de Debir, celle de Gaza, celle d'Ascalon et celle d'Eqron. Il devient lassant de préciser que tous les habitants furent percés de part en part. On fit une exception pour Gaser, Qétron, Acco, Sidon et quelques autres, que l'on se contenta de soumettre à un tribut.

Le texte est parfois confus et l'on soupçonne que plusieurs personnes ont dû en assurer la rédaction. Il paraît évident aussi que tous ces événements à l'historicité partielle se culbutent les uns les autres dans la mémoire des auteurs. L'imagination morbide, l'obsession divine, la conviction d'être supérieurs à quiconque se mêlent sans doute à des absences manifestes d'information pour nous livrer un récit monotone à force de répétitions. Dès le verset 8 et jusqu'à la fin du Livre des Juges, il est dit que les Israélites « firent le mal aux yeux du Seigneur » et en recueillirent à chaque fois souffrances et châtiments. Peuple inconstant, oublieux de sa foi aussitôt que disparaît son chef, les Israélites se mettent à servir des dieux concurrents (Baal, les Achéras ou Astartés). Assemblage de nomades incultes, hostiles à toute construction qui ne serait pas exclusivement vouée au dieu qui légitime leur sauvagerie, le peuple élu s'en détourne vite et s'empresse d'adopter des dieux plus palpables car nantis d'une représentation concrète.

Afin de punir son peuple infidèle, Dieu lui fait subir toutes sortes d'avanies. Il le livre à des pillards, le vend à ses ennemis, tolère une usurpation, le rend pendant dix-huit années à la merci des Philistins et des Ammonites. S'amusant des hommes comme un enfant de ses cubes de bois, il renverse la situation pour peu que ses favoris se repentent et lui promettent de ne plus recommencer. Les ayant abandonnés à Cusan-Risataïm, roi de Mésopotamie, il leur offre Otniel, un libérateur, qui aussitôt se saisit de Cusan-Risataïm, qui ne fut pour le dieu des Hébreux qu'un instrument pour malmener Israël et qu'Israël malmène à son tour. Un autre libérateur, Aod, gaucher, tira le peuple élu des griffes des Moabites. Leur roi, Eglon, accoutumé à l'asservissement des Hébreux (après dix-huit ans), accepte un jour de recevoir Aod. Celui-ci vient le trouver porteur d'un présent. Quelle raison le roi aurait-il de se méfier de son vassal ? Il l'accueille avec confiance, en agrée le tribut, s'apprête à le congédier. Il faut ici se souvenir de la perfidie des Hébreux. A l'instant où le roi s'y attend le moins, Aod tire de sous sa tunique un poignard à deux lames et le lui plonge dans le ventre. Le coup est tellement puissant que « la poignée même y pénétra après la lame ». Après cet acte de traitrise, les Moabites furent massacrés au nombre de dix mille.

À Asor, pays de Canaan, Dieu livra ensuite son peuple retombé dans ses errances. Son roi était Jabin ; le chef de ses armées, Sisara. C'est à la suite d'une nouvelle perfidie que les Israélites parvinrent se libérer.

Après la Mésopotamie, royaume de l'architecture, de la technologie, du droit, de l'écrit, c'est maintenant Asor, dont l'armée est constituée de « neuf cents chars de fer » qui va être le jouet de Dieu. C'est qu'Israël poursuit de sa haine toute civilisation qui dépasse le stade du désert, exerce pleinement son génie inventif, crée œuvres et bâtiments, faisant ainsi acte démiurgique. Peuple du sable stérile et du refus de l'image, Israël ne tolère que lui-même et ses principes.

Le Juge des Hébreux est alors une femme, Débora, une prophétesse. Elle échafaude un plan que Dieu soutient.

Elle ordonne à Barac de gagner avec dix mille hommes le mont Tabor. Sur son instance, elle l'y accompagne. Sisara, général d'Asor, les y attend de pied ferme. Sans doute escompte-t-il un combat loyal. Avec Israël ? Folie. L'armée de Sisara, certes, est mise en déroute, mais Débora et Barac ne sauraient tendre à un digne adversaire la main de la réconciliation. « Toute l'armée de Sisara fut passée au fil de l'épée. Pas un homme n'échappa ». Sisara, général valeureux, s'enfuit. Il se met sous la protection de Héber, le Quénite, « car la paix régnait entre Jabin, roi d'Asor, et la maison de Héber, le Quénite ». Les amis d'Israël se comportant comme Israël, Jahel, femme de Héber, invite Sisara à se cacher dans sa tente. Elle le dissimule sous une couverture. Puis elle sort, lui promettant de monter la garde. Mis en confiance, Sisara patiente. Jahel rentre bientôt, munie d'un « piquet de la tente » et d'un « maillet et s'approcha doucement ». Sans raison autre que l'éventualité d'une récompense – qu'envisager, sinon ? – elle « lui enfonça dans la tempe le piquet, qui se ficha en terre, tandis que, recru de fatigue, il dormait profondément. Sisara mourut ». Lorsque Barac arrive, Jahel, fière de son forfait, lui montre le corps de son ennemi, « mort, le piquet dans la tempe ». « Et la main des Israélites se fit de plus en plus lourde sur Jabin, roi de Canaan, jusqu'à son extermination ».

L'alternance - péché des Israélites contre le Seigneur,

châtiment des infidèles par ce dernier - reprend alors de plus belle. Cette fois-ci, l'homme providentiel des Hébreux est Gédéon ; la victime : les Madianites, peuple qui n'a fait qu'accomplir la vengeance de Dieu. Celui-ci s'est servi des Madianites, les punissant, en fin de compte, sans raison, après en avoir fait, contre leur gré et sans qu'ils s'en doutent, ses instruments. Ces derniers perdent deux de leurs chefs, Oreb et Zeb, dont on coupe la tête, et plus de cent vingt mille hommes. Les anciens, que les civilisations européennes tendaient à respecter, sont ici « fustigés avec des épines des ronces du désert. » Puis, les Israélites demandent à Gédéon d'être leur chef. Avant de mourir, il a le temps d'engendrer de ses nombreuses épouses soixante-dix fils. D'une concubine de rang inférieur, probablement de race indigène, il eut un fils, Abimélec.

Les Israélites se prostituent à nouveau au dieu Baal, en l'occurrence à Baal-Berit, Abimélec convainc le peuple de se choisir un roi, lui-même, plutôt que d'obéir à soixante-dix hommes, tous fils de Gédéon. Ayant obtenu gain de cause, il s'en va égorger ses propres frères, les soixante-dix, à l'exception de Jotam.

Les mœurs politiques de ces gens sont décidément aussi raffinées que chevaleresques.

Dieu, qui s'amuse de ses élus, consent à Abimélec un règne de trois années, mais finit par créer entre lui et les gens de Sichem, là où vivent les frères de sa mère, une animosité. Hypocrite, Dieu veut à présent venger la mort des soixante-dix frères d'Abimélec. Il se sert pour cela de Sichem. Trahison, embuscade, bataille : le résultat est toujours le même. La troupe d'Abimélec donna « l'assaut à la ville durant toute la journée et s'en empara. Il mit à mort toute la population, puis rasa la ville et y sema du sel ». L'état d'esprit d'Israël se confirme d'épisode en épisode.

Génocidaires, les Hébreux massacrent, égorgent, passent leurs épées au travers des hommes, mais surtout des femmes et des enfants, ne laissant la vie sauve à personne, dès lors que leurs adversaires ne sont pas de leur race ou, simplement, parce qu'ils *sont* leurs adversaires. Un parti s'étant réfugié dans une crypte, Abimélec fait récolter du bois, « ces bois furent placés contre la crypte, on y mit le feu, et ils la livrèrent aux flammes avec tous ses occupants. Ainsi périrent tous ceux de la tour de Sichem, un millier environ, hommes et femmes ». Enfin, le crâne fracassé par la pièce mobile d'une meule lancée du haut d'une tour par une femme, Abimélec mourut aussi, accomplissant ainsi la vengeance d'un Dieu qui suscite tous les massacres et en jouit jusqu'à la quintessence.

Aux Juges Tola et Jaïr succéda Jephté. Israël avait à nouveau trahi son dieu qui avait livré son peuple à ses ennemis, les Philistins et les Ammonites. Une prière de repentir étant jugée suffisante, Dieu lui envoya un libérateur. Il s'agit de Jephté. Des arguties entre Israélites et Ammonites, il ressortit évidemment un état de guerre. L'esprit tordu des Hébreux fit jaillir de la bouche de Jephté d'étranges paroles. « Si tu livres entre mes mains les Ammonites, dit-il à Dieu, celui qui sortira des portes de ma maison à ma rencontre quand je reviendrai victorieux des Ammonites sera consacré au Seigneur, et je l'offrirai en holocauste ». Singulier marché. Ce qu'il offre en sacrifice n'est ni un objet précieux ni un animal mais tout être sortant par hasard de chez lui ; ce peut être un membre de sa famille, un ami ou quelqu'un d'étranger au marché qu'il établit avec son dieu. Ce serait donc une victime innocente, sans lien avec la situation. Et de fait, une fois les Ammonites, livrés par Dieu, vaincus par Jephté, c'est sa propre fille qui vient à sa rencontre, « son unique enfant ». Elle obtient de lui deux mois de répit, au cours desquels elle est « libre d'aller sur les collines pleurer sa virginité avec ses amies ». Puis il la tue et l'offre en sacrifice à son dieu. Un homme capable de sacrifier ainsi sa fille unique peut ensuite, sans que cela nous étonne, affronter les Éphraïmites et les égorger tous près des gués du Jourdain.

Ibsan, Elon, Abond devinrent Juges à leur tour, puis les Israélites inclinèrent à nouveau au mal. Dieu les remit alors entre les mains des Philistins. Le libérateur, cette fois, fut Samson.

L'épisode de Samson console quelque peu de la monotonie malsaine des autres récits que j'ai parcourus à ce jour. Il apporte un pittoresque révélateur également de la mégalomanie de ce peuple, pour qui écraser un ennemi, déployer contre lui une puissance qui le broie jusqu'à l'annihiler est inhérent à sa conception de l'univers. Seuls les protégés de leur dieu sadique ont droit à une existence digne ; les autres ne sauraient être autre chose que des sous-hommes soumis à Israël ou voués à disparaître.

Le peuple élu s'étant comme de coutume égaré, un homme du nom de Manoé, de la tribu des Danites, obtint, par on ne sait quel hasard, que sa femme, stérile, eût un fils. Un ange le lui annonça. Ce garçon, consacré à Dieu, c'est-à-dire *naziréen* de Dieu, délivrerait une fois de plus Israël. Ce naziréen reçut le nom de Samson.

Israël haïssait par-dessus tout les Philistins. Faut-il imaginer à cela une raison déterminante, l'une de ces causes avérées qui se font rédhibitoires ? Plus probablement, les Philistins, peuple de la mer et non du désert, des vagues et non du sable, évoquent l'ouverture sur des horizons nouveaux, une diversité de pensée et de mœurs, de langues et de religions. Ce sont des Indo-Européens et non des sémites (bien que les sources juives prétendent qu'ils le sont). Établis entre le Liban, au nord, la mer Morte, au sud, la Méditerranée, à l'ouest, et le désert de Syrie, à l'est, ils donnent à la région son nom : Palestine (*Pelishtim*). Venus du monde égéen (peut-être de Crète), ils en apportent l'esprit créateur, l'âme architecturale, artistique, littéraire, tout le contraire des nomades hébraïques repliés sur eux-mêmes, engoncés dans leur fanatisme idéologique étroit.

Tout chez les Philistins répugne à Israël.

Les Hébreux sont circoncis ; les Philistins ne le sont pas. Un esprit éclairé se contenterait d'admettre que les peuples se conforment à des traditions différentes et que de telles différences les hommes s'enrichissent. Ce n'est pas ainsi que raisonne le peuple de l'Ancien Testament. Qui n'est pas de son sang, de sa race, qui suit d'autres canons, répond à des critères opposés doit disparaître ou se soumettre en tant que race inférieure. Qui ne reconnaît pas – ou ignore – le dieu d'Israël ne mérite pas de vivre, du moins de vivre libre et respecté. Les Israélites, ennemis de la part démiurgique de l'homme, haïssent les villes, les monuments, les palais.

Les Philistins érigent une pentapole (confédération de cinq cités) : Gaza, Ascalon, Gat, Ashdod, Eqron. Des *seranim* les gouvernent, conseil suprême du peuple et non *juges* ou *libérateurs* ou *lieutenants de Dieu* comme les égorgeurs Moïse ou Josué. Leurs troupes sont équipées de chars, leurs armes sont en fer. Contrairement aux peuples des sables, ils apprécient et maîtrisent la technologie. Des trois types humains que connaît l'Europe à ce moment-là (nordique, alpin, méditerranéen), ils forment le troisième, bientôt conquis par les tribus du nord et leur culture. Les Méditerranéens, ce sont essentiellement les Hellènes ; leurs vainqueurs, ceux qu'ils nomment Achéens et Doriens. Vers le début du Ier millénaire avant notre ère, les envahisseurs surgissent par la mer. Ils occupent la Sicile et les îles de la mer Égée. La Grèce baigne dans les valeurs transmises par Homère dans l'*Iliade* et l'*Odyssée*. Elle cultive – et moque – les dieux, elle célèbre les héros. Les Philistins, qui nous concernent ici, s'ils viennent de Crète, viennent du lieu de la naissance mythique de Zeus, lequel, ignorant qu'il concurrence Moïse, transmet à son fils, Minos, ses commandements à lui : un code, source d'une civilisation brillante fondée sur la connaissance et l'action. Elle permet aux Crétois d'établir un pouvoir naval qui se fera thalassocratie. Contre Minos et les sacrifices humains qu'il exige, se dressera Thésée, prince d'Athènes, puis, contre la puissance thalassocratique, la confédération de la terre ferme : Agamemnon, Ménélas.

Par le biais de la mer, les Philistins entretiennent des relations commerciales suivies avec l'Orient : les Phrygiens, les Lydiens, les Hittites. En Palestine, ils inscrivent leur culture dans le nom de leurs villes, Gaza, Scorek, noms étrangers aux noms sémitiques. La haine que leur vouent les Israélites a son origine dans le hiatus entre une civilisation du désert, d'un dieu unique jaloux et sanguinaire, et une civilisation prométhéenne, riche et polythéiste. L'Ancien Testament condamne-t-il les images divines ? Les Crétois suivent des rites anthropomorphes, caractérisés par des étapes de zoolâtrie, d'idolâtrie, agrémentées de bétyles (pièces sacrées). Face à la stérilité artistique hébraïque, les Crétois peignent, sculptent, honorent leurs dieux par des céramiques, gravent (glyptique), sertissent, magnifient par le précieux de certaines pierres. Au symbolisme étroit, intolérant d'Israël, ils répondent par un symbolisme qui innerve le réel. Le pilier, la colonne, signes phalliques, célébrant la fonction reproductive assumée, triomphante et joyeuse, narguent le bâton de Moïse, instrument de transmission des interdits divins. La blancheur de la colombe, oiseau de Vénus, bat en brèche les grenouilles, sauterelles et autres insectes dont

Dieu se sert pour semer le malheur et la mort. Le serpent joue un rôle très différent de celui du Tentateur qui, avec la bénédiction du Créateur, prend au piège la créature soi-disant aimée de lui. Symbole privilégié de la déesse féminine, il exalte la fécondité, la mère nourricière et accueillante. Le taureau, lui, glorifie le principe viril, le donneur de vie, la force créatrice de l'homme et des sociétés. Orgueil de la puissance contre l'humilité de l'impuissance haineuse : Philistins insulaires et Israélites des sables ne peuvent que s'opposer.

Une femme danite enfante Samson. En grandissant, il devient une sorte de brute ne connaissant pas sa force. La force maîtrisée, canalisée des Grecs dans le cadre de jeux rituels fait place ici à celle, brutale, justifiée par la seule intolérance divine, d'un Israélite imbu. Pour être Hébreu, il n'en est pas moins homme ; il désire donc la femme. A Timna, il admire une fille de ses ennemis, les Philistins. Ses parents évidemment le blâment : « les Philistins, ces incirconcis » ! C'est ainsi que le peuple élu juge les autres peuples : par métonymie. Un Philistin a des bras, des jambes, une tête ; il est en tout semblable à un Israélite, physiquement et psychiquement ; seules ses mœurs, sous certains aspects, sont différentes. Qu'importe : c'est par elles qu'on le condamne. Y aurait-il à cela une justification raisonnable ? La réponse s'offre d'elle-même : « cela venait du Seigneur ». Que veut-il ? Il « cherchait une occasion de querelle avec les Philistins ». Que lui ont-ils fait ? Rien, sinon que « ceux-ci dominaient alors sur Israël ». Par leur faute, par quelque désir irrépressible de dominer ? Non. Parce que Dieu les a choisis, dans un premier temps, pour punir son peuple. Comme ils ont servi, purs instruments, il convient à présent de les punir à leur tour. Punition gratuite, mais, selon la logique de ce dieu, nécessaire. Le piège du péché originel est une matrice ; d'elle, le dieu des Hébreux tire les moyens de harceler les hommes, de leur infliger sévices et tourments.

Samson séduit la fille de Philistins. Elle accepte de l'épouser. Les filles de ce peuple indo-européen sont belles ; elles aiment l'amour et ne s'en cachent pas. Les fêtes nuptiales sont longues : sept jours ; les amis de l'époux les animent, les Philistins, peuple accueillant, y participent joyeusement. Samson se livre alors à une manœuvre qui peut paraître innocente : il propose aux jeunes du peuple ennemi une énigme. Ils ont sept jours pour la résoudre. Passé ce délai, ils lui devront « trente tuniques et trente habits de fête » : une fortune. Il fonde son énigme sur une aventure qui lui est arrivée peu auparavant, lorsqu'il fut attaqué par un lion et que Dieu lui donna une force surhumaine. Il tua le lion, le « déchira comme on déchire un chevreau », démonstration éclatante de la manière dont le Créateur, qui inspire Samson, respecte sa propre création. Faisant un détour, à quelque temps de là, pour « voir la carcasse du lion », il trouva un essaim d'abeilles dans sa gueule et le miel s'y étalant. Samson en mangea et s'en alla.

Qui serait en mesure d'apporter une quelconque solution à l'énigme qui naît de cette aventure ignorée ? À partir de quelle clé, de quel code rationnel déchiffrerait-on ceci :

*Du mangeur est sorti le manger, du fort est sorti le doux.*

Paradoxe peu ragoûtant pour la première partie de l'énigme ; paradoxe ouvert sur l'infini des possibles pour la seconde. Après trois jours, se sentant insultés par cette aporie, les jeunes Philistins enjoignent la fiancée de solliciter de son futur mari la solution, puis de la leur transmettre. La demande est assortie de menaces précises. Celle-ci réagit en fille de Philistin, ce qui est naturel : « Tu as proposé une énigme aux gens de mon peuple et tu ne me l'as pas expliquée ! » La raison du piège ? Les jeunes gens l'ont en partie comprise : « Est-ce donc pour nous dépouiller que vous nous avez invités ? » Pour les dépouiller, certes. Mais surtout pour créer un prétexte[8]. Le prétexte établi, Samson l'Israélite peut donner libre cours à sa rage. Maintenant qu'il a livré le secret de l'énigme à sa fiancée, qui l'a légitimement transmis aux siens, le bras du dieu sanguinaire peut frapper. Son dieu l'engage à le faire :

> « Alors l'Esprit du Seigneur s'empara de lui : il descendit à Ascalon, où il tua trente hommes. » Cela lui suffit-il ? Non pas : « Il prit leurs dépouilles qu'il donna comme habits de fête à ceux qui avaient expliqué l'énigme. Puis, en fureur, il remonta vers la maison paternelle ».

Israël trucidant par l'épée, le poignard, le feu ; Israël tranchant la gorge de combattants, mais aussi de vieillards, de femmes – de mères – de bambins ; Israël effaçant de la surface de la terre des populations entières avec leur culture, leur vision du monde, leur langue : nous pensions avoir tout connu des abominations du peuple « élu ». Nous nous trompions. Le mot « dépouilles » peut être interprété de deux façons. Soit il s'agit ici des vêtements et atours des jeunes Philistins, et dans ce cas perpétrer trente meurtres gratuits de jeunes gens dans la pleine force de leur âge pour obtenir leurs habits est abominable. Soit il s'agit de la dépouille (le singulier est capital dans ce cas) de chacune des victimes. Or, afin que Samson pût offrir à ses amis de telles « dépouilles » pour qu'ils en fissent des « habits de fête », il fallut qu'il se transformât en dépeceur de cadavres, qu'il éviscérât, qu'il écorchât, qu'il assemblât les peaux et

---

[8] Voilà qui est bien dans la manière états-unienne, société puritaine en permanence inspirée par l'Ancien Testament : créer un prétexte, puis attaquer et soumettre ou exterminer.

les cousît jusqu'à leur donner forme, afin qu'ils revêtissent des hommes et des femmes hilares, parés pour la fête.

*J'en restai là, pendant quelques secondes, du récit de Sven. Des images me revinrent des écorcheurs du Moyen Age, aux temps troublés de la guerre de Cent Ans. La France, désorganisée, était livrée aux pillards, aux soudards échappés des armées et métamorphosés en assassins, en bandits de grands chemins, en détrousseurs de diligences. Ceux que l'on appelait écorcheurs abandonnaient sur le bord du chemin des corps sanglants, dont les nerfs, les muscles, les artères affleuraient, à présent que la peau leur avait été soigneusement épluchée comme on pèle une orange. Ce qui était alors exception, œuvre de soldats dont s'emparait l'instinct sauvage, que plus aucun lien n'arrime au corps social, eût été, chez les Israélites, par quelque aberration de l'esprit d'orgueil, une pratique légitimée par un livre sacré. Car enfin, si Samson, comme il est vraisemblable, n'est que la synecdoque de son peuple, que n'ont pas eu à redouter les voisins d'un tel peuple ! Revenant à la raison, je me permis de douter de l'interprétation de Sven et optai sans hésiter pour la première hypothèse : Samson s'empara des vêtements tant convoités. Le forfait était déjà assez répugnant ainsi.*

*Je retournai au texte de mon ami.*

Je m'abstiendrai de suivre la chronologie mentale qui fait que Samson, dont la fiancée a été donnée à quelqu'un d'autre, tandis qu'on lui propose en remplacement sa sœur (les Philistins n'ont guère de rancune), s'entretient çà et là avec ses ennemis. Ce qui importe est qu'il accomplit le projet de son dieu. Ce projet, nous ne l'avons pas oublié, consiste à détruire – que ferait d'autre ce dieu massacreur et vaniteux ? – les peuples qui prétendent coexister avec Israël ou à les soumettre pour s'en protéger. Pour l'heure, ce sont les Philistins qui encourent la rage criminelle du Seigneur.

Peuple de la mer, je l'ai précisé, peuple des villes, des monuments, des œuvres artistiques, les Philistins, ces Égéens, ces Crétois égarés en Palestine, sont aussi agriculteurs. Leurs blés qui moissonnent éveillent la jalousie des Hébreux. Par l'entremise de Samson, parangon de la brutalité israélite, ils vont s'acharner à anéantir le travail des Philistins. Sans raison logique. Simplement, parce qu'on propose à Samson la sœur de son épouse au lieu de celle-ci, il répond : « Cette fois, on ne pourra me reprocher le mal que je vais faire aux Philistins ».

Comprenne qui pourra.

Son esprit tortueux imagine donc un scénario pervers. Le vecteur de sa prochaine ignominie est un animal qui évoque la mort, les cimetières, les cadavres en décomposition : le chacal. C'est un charognard, il convient donc bien à ce peuple. L'Ancien Testament foisonne d'allusions négatives. Le chacal porte en lui la démolition, est frère de solitude, de plantes de désagrément : ortie, ronces, épineux ; il escalade les tas de pierre, est « objet d'épouvante et de dérision », spectre de ruines, hanté par « l'ombre de la mort ». Animal de repaires sordides, il ne lui échoit que les lieux déstructurés.

À la queue de ces messagers hurleurs, dont les jappements glacent le sang, Samson attache des torches enflammées. L'océan blond des blés des Philistins déplaît à son dieu ? Il lance les bêtes. « Il incendia ainsi le blé qui était en gerbe aussi bien que le blé en tige, et jusqu'aux vignes et aux oliviers », produits de ces rivages méditerranéens qu'ont embellis les Grecs et les enfants d'Énée. Plus tard, par des détours retors, se trouvant entre les mains de ses ennemis, il bénéficie encore de la puissance divine. C'est à coups de mâchoire d'âne qu'il massacre « mille hommes », nouvelle synecdoque désignant un nombre effarant de victimes.

Les femmes des Philistins décidément l'attirent. Il en est une du nom de Dalila, que ses compatriotes invitent à séduire celui qui a déjà causé tant de morts parmi eux. Par la ruse, elle parvient à lui arracher le secret de sa force. Pour aider son peuple, Dalila est allée jusqu'à épouser Samson. Connaissant son secret, elle l'endort sur ses genoux, lui fait raser la tête. Il perd enfin sa force. Prudents, les Philistins lui crèvent les yeux – les Israélites ne font- ils pas pire depuis longtemps ? – et le lient « d'une double chaîne de bronze ». Ils ne le tuent point : fatale imprévoyance. Samson regagne peu à peu sa force à mesure que sa chevelure repousse.

Un jour, attaché dans un temple dédié à Dagon (ce dieu n'est-il pas moins sanguinaire que le dieu des Hébreux ?), placé entre deux colonnes, témoin des réjouissances de tant de gens à qui lui et les siens ont apporté mille malheurs, il implore Dieu de lui faire recouvrer toute sa vigueur. « Le temple était bondé d'hommes et de femmes, et tous les princes des Philistins s'y trouvaient ; il y avait même sur la terrasse près de trois mille personnes, hommes et femmes ». Pour Dieu, quelle aubaine ! Samson palpe « les deux colonnes centrales sur lesquelles reposait l'édifice, il appuya sur l'une la main droite, sur l'autre la main gauche. » Tout est disposé pour un autre carnage. De fait, « d'un suprême effort, il précipita l'édifice sur les princes et sur tout le peuple rassemblé. C'est ainsi qu'il fit périr par sa propre mort beaucoup plus d'hommes qu'il n'en avait tués durant toute sa vie. » Son dieu le sacrifie ? Qu'importe puisqu'il n'a été que l'instrument de la haine divine. Pour Dieu, seule a un sens la comptabilité sordide de ces hommes et de ces femmes que Samson a détruits.

# VIII

À peine avais-je achevé cette lecture que je reçus de Sven un nouveau manuscrit. Je m'empressai d'en prendre connaissance.

J'ai, écrivait-il, depuis ma dernière correspondance, abordé la période du royaume d'Israël. J'en ai fait le tour. J'avais le choix, soit de m'y lancer rapidement, afin d'en avoir bientôt terminé, soit, cédant à mon penchant naturel, de m'y livrer par étapes.

Pourquoi un tel penchant ? Parce qu'il n'est rien de plus ennuyeux que cette monotonie vétérotestamentaire, cet enchaînement de pensée et de pratique idiosyncrasiques. Le peuple hébreu et son dieu manifestent une manière d'errements psychiques qui relèvent de la pathologie. Entre massacres et repentance, provocation envers le divin et absolution par des actes de vengeance inconsidérée et inique contre autrui, mais surtout par le fait d'une mentalité de leur dieu qui vaudrait à tout individu ordinaire un séjour définitif dans quelque établissement de soins, les Israélites se signalent par leurs inconséquences, par leur vanité, par leur tempérament sanguinaire et hypocrite.

J'ignore si la remarque en a déjà été faite, mais l'Ancien Testament – le Nouveau peut- être aussi, je n'en sais rien encore – contient tout et son envers. C'est un gousset rempli de contradictions, s'étalant du sordide au risible, de l'inquiétant au ridicule. En même temps, l'étude plus particulière de l'époque royale m'a appris combien la culture et la mentalité israélites s'opposaient radicalement aux fondements mêmes de notre civilisation européenne. J'en suis arrivé à bénir les dieux – si tant est qu'ils existent, – la Nature – si tant est qu'elle constitue une entité douée d'entendement, – le Destin – si tant est que les attributs que lui ont conférés les Anciens aient quelque réalité, – d'être né dans le nord de l'Europe et non au Moyen-Orient, dans les glaces voisines du Pôle et non dans les déserts stériles.

Ce qui me paraît marquer le peuple d'Israël, ce sont deux manières d'agir procédant, de toute évidence, de deux traits de leur mentalité que l'on ne saurait mieux définir que sous l'appellation de *perfidie* et d'*absolue soumission.*

Que ce peuple, qui se prétend *élu* de son dieu, celui-ci étant estimé le *seul* et *vrai* dieu, auquel tous les peuples de la terre doivent adoration, se pose en modèle de perfection dépasse la compréhension la plus indulgente. Ce d'autant que du plus insignifiant au plus insigne de ses membres, s'enchaînent les sordides manœuvres, la parole trahie, les promesses non tenues, les brusques revirements de foi, les actes les plus sanglants et les plus répugnants, sans que cela leur cause le plus infime remord, le regret le plus ténu, le plus léger sentiment d'une quelconque culpabilité. On y tue sans hésitation les êtres les plus faibles et les plus innocents, ceux que nos civilisations tendent à protéger (les femmes), ceux auxquels on accorde, du fait de leur innocence, le signe du sacré (les enfants). Les Israélites, au contraire, égorgent, saignent, éventrent femmes, enfants, vieillards et jusqu'au bétail !

Ni les cités grecques, ni Rome, ni l'empire de Chine, dont le comportement n'a pas toujours été exemplaire, il s'en faut de beaucoup, n'ont jamais soutenu être *parfaits* par rapport aux étrangers. C'est ainsi que les Hellènes étaient si conscients de leurs défauts qu'ils en affublèrent leurs propres dieux, tournant en ridicule leurs travers, qui étaient aussi ceux du peuple et de ses élites. Rome s'est prévalue de son modèle d'organisation, de l'excellence de ses codes juridiques, de la structure politique de la cité, de son efficacité militaire, jamais de sa *perfection* morale. En Chine, les failles personnelles et collectives empreignaient tant les esprits qu'elles tissaient la trame essentielle du discours des principaux penseurs. Les Chinois se targuaient d'être *la* civilisation, le Milieu du monde, mais certainement pas des parangons de vertu. Les Israélites seuls, bien que l'Ancien Testament regorge d'horreurs de leur part, s'attribuent les mérites suprêmes dès l'instant qu'ils obéissent aveuglément au « Dieu des armées ».

Justification ultime, leur *soumission* à la loi divine les autorise aux pires atrocités. Celles-ci, aux yeux de tout individu honnête et doué du sens commun, condamnent pourtant jusque dans les moins spectaculaires de leurs manifestations le peuple hébreu tout entier. Sa soumission à un dieu sanguinaire entraîne de surcroît de sa part, contre toute logique, un éternel sentiment de culpabilité vis-à-vis de celui dont on attendrait soutien et compassion.

On ne peut effectivement mettre côte à côte la naissance de la royauté islandaise (en fait, norvégienne) et celle de la royauté hébraïque sans être saisi par le contraste qu'elles présentent. L'Islande, mon pays, terre, à l'origine, d'interminables différends entre les habitants, soumise, qui plus est, à la province ecclésiastique de Nidaros, accueillit sans mauvaise grâce, en 1262, la souveraineté du roi de Norvège Haakon IV Haakonsson. La nécessité d'une tutelle bénéfique qui permît à l'Islande de vivre en paix fut comprise par tous. Le peuple islandais, pas davantage que le souverain dont il dépendait, n'éprouva – et n'a jamais éprouvé - le poids d'une constante culpabilité, telle que les rois et les tribus d'Israël en furent accablés par leur dieu.

La première approche d'une velléité monarchiste israélite engage la personnalité de Samuel.

Les prolégomènes à sa montée en puissance sont déjà viciés. Elcana, son père, homme de la tribu de Lévy, a deux épouses. L'une, Phénenna, lui a donné des enfants, tandis qu'Anne, la seconde, est frappée de stérilité. Ce qui, dans notre civilisation, serait accueilli comme une marque du Destin, contre laquelle il n'est d'issue que la résignation – ou la prière, si l'on croit à une intervention des dieux, - s'inscrit, comme toujours chez les Hébreux, dans le cadre d'une malédiction divine *gratuite*. Ce dernier mot est d'importance. La *culpabilisation*, qu'elle soit du peuple envers son seigneur ou l'inverse, est présente dès l'abord ; elle souille et fausse l'ensemble. À aucun moment, en effet, il n'est question qu'Anne soit *naturellement* privée de la faculté de donner naissance à un enfant ; il n'est question que « du Seigneur qui l'avait rendue stérile ». Impression irrésistible, chez Anne, d'une injustice, suffisamment forte pour l'inciter au « murmure ». À croire que le dieu des Hébreux s'ingénie, sans autre raison que la jouissance de son propre pouvoir, à susciter le ressentiment et la rancœur parmi les créatures sur lesquelles il est censé répandre son amour.

Dans le cas d'Anne, la pauvre femme en est réduite à supplier le Seigneur pour qu'il lui concède un enfant, liant sa supplication à une promesse absurde : « Si tu n'oublies pas ta servante et lui donnes un enfant mâle, je le consacrerai au Seigneur pour toute sa vie ». Suprême étroitesse d'esprit et immonde cruauté : offrir à un dieu hypothétique et tyrannique l'existence d'un enfant ignorant de ce qui l'attend, et ce jusqu'à la fin de ses jours ! Priver ainsi de sa liberté de choix un petit être qui, plus tard, façonné par des décennies de propagande, ne verra de salut que dans la soumission à une *idée*.

Ainsi apparaît Samuel, au nom ambigu de *demandé* (puisqu'il émane de la supplication de sa mère) et du *nom de Dieu*. À cet enfant, le dieu des Israélites apporte sans tarder des adversaires : les fils du prêtre Eli, qui préside aux sacrifices auxquels consent périodiquement Anne. Là encore, on ne peut que se perdre en conjectures. Quelle cause secrète, de haute portée, justifie-t-elle le choix de Dieu ? La réponse procède d'un même cheminement : plutôt que d'écouter la voix d'Eli, leur père, les deux fils, qualifiés par le texte de « vauriens », agissent mal, car « Dieu voulait leur perte » ! Ces garçons *pourraient* se bien conduire, Dieu aurait *pu* leur destiner une voie bienveillante. Au contraire, il a *décidé* qu'ils agiraient contre sa volonté *car tel était son bon plaisir*.

Comme il ne saurait se contenter de les punir, il s'en prend à leur famille : « Je ferai, dit le dieu d'Israël, s'accomplir sur Eli toutes les menaces que j'ai prononcées contre sa maison, du commencement à la fin. J'ai annoncé que je condamnais à jamais sa famille à cause des crimes dont il savait ses fils coupables sans les avoir réprimés. » Un père est-il toujours à même de faire entendre raison à des fils dans la force de l'âge, animés par l'énergie d'un cœur corrompu, disposant d'un libre-arbitre reçu à la naissance ? Et s'il doit succomber au châtiment divin du seul fait qu'il est leur père, pourquoi alors appesantir sa rage sur « la maison d'Eli » et faire en sorte que « jamais sa faute ne sera expiée » ?

La hargne destructrice de Dieu ne se contente pas de frapper les siens. Elle s'exerce en parallèle sur les Philistins.

Samuel grandit dans un contexte de haine et de massacres. Une fois encore, les Philistins, qui sont *chez eux* et que les Hébreux ne cessent de menacer, sont contraints de se défendre. Aux quatre mille Hébreux tués par leurs ennemis entre Eben-Ezer et Aphec et aux trente mille qui préludent à l'enlèvement de l'Arche par les Philistins répondent les malédictions du Tout-Puissant qui a permis que cela se produise. Furieux de la prise de l'Arche, Dieu « s'appesantit sur les habitants d'Ashod [où reposait l'Arche] et les consterna ; il les frappa d'hémorroïdes, dans la ville et son territoire ». Ces hémorroïdes, semble-t-il, désigneraient la peste bubonique, maladie épidémique affreuse qui saisit indifféremment coupables et innocents. L'Arche est transportée en un autre lieu, le châtiment divin à nouveau se manifeste : « La main du Seigneur s'abattit sur la ville, y causant une grande épouvante. Du plus petit au plus grand, il frappa la population, et il leur vint des tumeurs d'hémorroïdes ».

Aux yeux d'un Européen, Samuel, futur *faiseur de rois,* apparaît bien piètre. Il faut attendre sa vieillesse pour qu'enfin on le sollicite. C'est là que l'instauration de la monarchie prend, chez les Israélites, un tour biaisé. Une fédération réelle, politique, de tout Israël serait de mise face à un ennemi commun. Que l'on soit en droit de prendre fait et cause pour cet ennemi – ce qui, en l'occurrence, serait mon cas – ne modifie en rien cette constatation. Que les anciens des Hébreux s'en viennent donc trouver Samuel pour lui signifier qu'ils désirent un roi est cohérent. Leur dieu, observant son peuple des cimes célestes, ne saurait que s'en réjouir. À l'image de ce qu'il représente dans l'absolu, il suscite une structure semblable dans l'immanence terrestre. Ce que les empereurs de Rome symboliseront, sous la sauvegarde de la triade capitoline, les Israélites souhaitent l'introduire sous l'égide du « Dieu des armées ». N'est-ce point là le signe que la leçon a porté, que le Père qui trône dans les cieux a créé l'émulation nécessaire à l'instauration d'un pouvoir politique salutaire ?

C'est méconnaître, une fois de plus, ce dieu maléfique. La manière dont il interprète le désir de son peuple est morbide. Ses membres veulent un roi afin que l'unité du peuple se concrétise sous le regard bienveillant mais sévère de leur dieu ? Voilà qui serait raisonnable et sain.

Ce n'est pas ainsi que raisonne le dieu hébraïque.

Heurté par le souhait des anciens, Samuel, qui les dirige, interroge le Seigneur. La réponse de ce dernier est lourde de menace : « Ce n'est pas toi qu'ils rejettent, c'est moi qu'ils ne veulent plus voir régner sur eux ». Pour un esprit tel que le nôtre, formé par Athènes et Rome, c'est là un étrange raisonnement. Que pourrait-il y avoir de plus louable que de vouloir reproduire ici-bas un modèle pris dans le Ciel ? Mais le dieu d'Israël est un dieu pervers, pathologique. Plutôt que de se réjouir de la sagesse de son peuple, il s'en offusque. Se choisir un roi, un dirigeant politique, c'est, pour lui, délaisser son dieu : « Ils m'abandonnent pour servir des dieux étrangers ». Où discerne-t-il la trace d'une telle intention ? Ce que veut son peuple est dit clairement par la voix de ses vieux sages : « Il nous faut un roi. Nous voulons être comme toutes les nations. Notre roi nous jugera, il marchera à notre tête, et sera notre chef de guerre ». Rien d'autre. Et pourtant, dans ces paroles, si rien n'évoque une provocation à Dieu, de sourdes alarmes doivent nous alerter.

Les Hébreux entendent-ils se choisir un roi rivalisant avec leur dieu ? Évidemment non. Il sera leur guide *terrestre*, dans le respect des commandements du dieu de Moïse. Sera-t-il ce qu'il est judicieux qu'un roi représente : un *arbitre*, affirmant le bien et le mal au regard de ce qui convient pour que soit assurée l'harmonie de la nation, le règne de la justice entre ses habitants, la protection vis-à-vis de l'étranger ? Non. On exige un roi *juge*, au sens hébraïque du terme ; un roi qui, à l'instar de leur dieu, surveille le moindre de leurs gestes, leurs pensées les plus intimes, leurs sentiments les plus innocents, un roi qui pèse tout au poids de ce qui heurte plus ou moins sa vanité ; un roi qui sans cesse *culpabilise* son peuple. Ce roi, pendant immanent du dieu qui chassa le premier homme du paradis terrestre, ayant tendu à son peuple des pièges existentiels et moraux, se fera une joie de les y faire choir et, subséquemment, de les châtier pour avoir failli. Qui plus est, ce roi sera d'abord et surtout un « chef de guerre », car Israël ne saurait se satisfaire d'une terre sur laquelle ériger des cités et faire croître des céréales. Israël ne se conçoit que conquérant, répandant la mort et le sang, exterminant quiconque lui fait obstacle ou prétend exister à ses côtés.

Dieu, d'ailleurs, fera payer à son peuple ses velléités politiques. Son peuple souhaite agir « comme toutes les nations » ? Mais il n'est *pas* comme toutes les nations. Il est la nation du « seul dieu », et à ce titre, il diffère de toutes les autres. Vouloir ressembler aux autres nations, agir comme les autres nations, vouloir s'établir en tant que nation voisine *pacifique* de nations étrangères est, pour le dieu caractériel et jaloux, proprement inconcevable, lui qui ne se complaît que dans la souffrance et le sang des hommes.

Le premier souverain d'Israël n'est en réalité qu'une caricature de roi. Son nom est Saül. Pour satisfaire aux mythes, il est dit « jeune et beau » et « il dépassait de la tête tout le peuple ». Est-ce en souverain arbitre de justice qu'il sera oint ? Non, il le sera avant tout en tant que futur exécuteur de massacres : « Tu oindras » Saül, dit le Seigneur à Samuel, « comme chef de mon peuple Israël, pour qu'il le délivre de la main des Philistins ». À peine investi, le voici général, stratège préparateur d'opérations exterminatrices.

Acclamé aux cris de « Vive le roi ! », il se contente de perpétuer la pratique de ses pères. Contre les Ammonites, qui ne font que se défendre en assiégeant Jabès, il divise ses troupes en trois corps. Ils « pénétrèrent avant le jour dans le camp ennemi et battirent les Ammonites jusqu'à la chaleur du jour. Ce qui leur échappa fut si bien dispersé qu'il n'en resta pas deux ensemble ». Penchons-nous un instant sur cette phrase : « Ce qui leur échappa », c'est-à-dire les rares individus - probablement des femmes et des enfants, car si les hommes se sont battus jusqu'à la mort, il ne reste que les plus faibles – ayant fui les massacres, « fut si bien dispersé » : que faut-il entendre par là ? Que saisis de panique, les survivants s'égaillèrent, qui au nord, qui au sud, qui à l'ouest, qui à l'est, submergés par l'effroi jusqu'à la démence ? De ces pauvres êtres terrorisés, il ne subsiste pas un couple assemblé, tant les massacreurs ont éparpillé de carcasses ?

D'œuvre véritablement royale, digne d'être remémorée par la postérité, il n'en est aucune. Quel espoir Saül aurait-il d'en accomplir, puisqu'aussi bien Samuel, le vieux rabâcheur, rappelle que ce n'est pas un roi qui, aux dires du « Dieu des armées », devrait régner sur Israël, mais « que c'est le Seigneur notre Dieu qui est votre roi ». Point de rôle politique pour un enfant d'Israël, cette théocratie sanguinaire, mais la soumission à la seule loi dictée par les prêtres, les *élus*, les auto-désignés. Tyrannie imposée par un dieu despotique. Et Samuel de menacer : « Puissiez-vous être, vous et le roi qui vous gouverne, dociles au Seigneur votre Dieu ! » Invoquant le tonnerre et la pluie qu'il invite son dieu à précipiter sur son peuple, il fait révélation du grief divin auquel les Israélites doivent la haine du Ciel :

réclamer un roi. Ce fut une faute, mais « le mal est fait ».

C'est donc dans les fers du nouveau péché originel d'une monarchie choisie contre la volonté divine que Saül entreprend sa carrière de roi. Dieu prenant son statut comme une offense qui lui est faite par son peuple, Saül agit dans la crainte perpétuelle d'un faux pas.

Celui-ci vient par la faute de Jonatan[9], son fils. Sans que l'on sache de quelle manière ni pour quel motif, ce dernier tue le gouverneur philistin de Guibéa. Les Philistins se préparent tout naturellement aux représailles. Ils assemblent « trois mille chars, six mille cavaliers et une foule aussi nombreuse que le sable du littoral ». Les Israélites sont frappés de terreur. Pareils à des lapins affolés, ils courent se cacher. Tout creux leur est bon : caverne, souterrain, trou de rocher ou, dans le sol, citerne. Nombre d'entre eux quittent le territoire.

*Je ne pus m'empêcher de constater que les Israélites, comme les États-Uniens, ne marchent au combat la tête haute que lorsqu'ils sont en nombre largement supérieur à ceux qu'ils désignent comme leurs ennemis.*

Samuel avait fixé, au nom de son dieu, sept jours avant qu'il ne rejoigne Saül et qu'il n'offre l'holocauste. Devant l'urgence, Saül ne peut attendre et se livre au sacrifice. S'il est roi, il doit, face au danger, adopter la décision la plus efficace.

Mais c'est oublier qu'il n'est qu'un roi de pacotille, un fantoche au service d'un dieu d'orgueil et de caprices. C'est

---

[9] Ma version de l'Ancien Testament écrit Jonatan au lieu de Jonathan.

à ce titre que Samuel l'apostrophe : « Tu as agi comme un insensé ! Que n'as-tu obéi au commandement que t'avait donné le Seigneur ton Dieu, qui était prêt à affermir ton trône à jamais sur Israël ! »

La contradiction est ici flagrante. Comment ce dieu pouvait-il être sur le point d'affermir une royauté qu'il réprouvait ? On le sait certes perfide et menteur, caractériel et changeant. Suffit-il d'un holocauste offert quelques jours plus tôt que prévu pour que la royauté israélite soit définitivement condamnée, du moins dans la personne de son représentant actuel ? Ou faut-il en déduire que le dieu des Hébreux, une fois de plus s'amuse, se joue de ses créatures, se complaît à leur faire peur, à les tourmenter ? Pareil à un intendant jouissant de son pouvoir, il entend simplement ôter à un homme qui ne lui convient pas – pour quelle raison ? – une royauté qu'il préfère confier à un autre. « Maintenant, précise Samuel, son porte-parole, ta royauté ne durera pas. Le Seigneur s'est choisi un homme selon son cœur, et le destine à être le chef de son peuple, parce que tu n'as pas observé ses ordres ».

Singulière raison ! Dieu s'est choisi un homme *selon son cœur*. Comment doit-on le prendre ? Ce dieu qui extermine hommes, femmes, enfants, animaux a-t-il un cœur ? Où le doit-on situer ? Veut-il vraiment un chef pour son peuple, lui qui décrétait avec force que suivre un roi était se détourner de Dieu ? A-t-il changé d'avis ? Ou plutôt s'est-il choisi un roi qui ne sera que la main de Dieu frappant et décimant, appliquant à la lettre ses décrets ? Ainsi conviendrait-il de comprendre ce qu'est un chef selon le « cœur » de Dieu ?

Que Saül ne soit point l'idéal monarchique du Seigneur ne l'empêchera pas, tout au long de son règne, de perpétrer nombre de ces massacres dont son dieu est friand.

Jonatan prend la liberté d'attaquer un poste philistin – « Attaquons le poste de ces incirconcis », crie- t-il à son écuyer, – et il en fait une boucherie. Assuré que « le Seigneur les a livrés entre les mains d'Israël », il les abat, et son écuyer achève le travail. À cet exemple, tous les Hébreux fondent sur les Philistins, tandis que Dieu sème parmi eux une confusion telle qu'ils « tournaient l'épée les uns contre les autres ». Fidèles à leur stratégie, les agresseurs s'apprêtent à poursuivre le massacre jusqu'au jour, décidés à ne pas « laisser vivre un seul » ennemi. Ils consultent Dieu, mais celui-ci ne répond pas. C'est donc qu'ils se sont rendus coupables d'une faute envers Dieu. Saül en est conscient : « Tâchez de savoir quel péché s'est commis aujourd'hui ».

Belle solidité de cette royauté qui s'attend à chaque instant à commettre quelque péché. Belle sérénité dont le roi peut être assuré. Un péché, par ailleurs, a bel et bien été commis : Jonatan, le fils de Saül, avait mangé du miel, bien que son père eût ordonné qu'aucun Israélite ne devait se nourrir ce jour-là. Saül est décidé à condamner à mort le coupable, quel qu'il soit. On lui apprend que c'est de son fils qu'il s'agit. Il va respecter sa parole et tuer son fils, mais le peuple le sauve, car Jonatan lui a donné la victoire. Les Hébreux peuvent donc continuer leur marche mortelle. Roi d'Israël, malgré tout, Saül « fit la guerre à tous les ennemis environnants, Moab, les Ammonites, Édom, les rois de Soba, les Philistins », sans s'interroger jamais sur le bien-fondé de sa lutte. Un *modus vivendi* ne serait-il point concevable ? La terre de Canaan est-elle trop exiguë pour abriter plusieurs peuples ? Pour des peuples égaux entre eux, sans doute pas, mais le peuple hébreu se prétend supérieur à tous les autres ; ce qu'il détient (et qu'il a volé), il entend le détenir seul, dût-il pour y parvenir détruire tous ceux qui l'entourent.

C'est pourquoi « la guerre fut acharnée contre les Philistins pendant toute la vie de Saül ». Le florilège de ces nouvelles horreurs se décline inlassablement dans sa banalité tragique.

Un contentieux existe avec Amalec. Dieu, par la voix de Samuel, donne ses ordres :

> « Tu massacreras hommes et femmes, enfants et nourrissons, bœufs et moutons, chameaux et ânes ». Il y aurait ici du ridicule dans le sordide si, précisément, il n'était aussi ignoble. Les Amalécites sont passés au fil de l'épée, mais Agag, leur roi, est épargné, ainsi que le bétail le plus intéressant. Mal en prend à Saül et son peuple. Dieu n'avait-il pas commandé de faire à Agag et les siens « la guerre jusqu'à l'extermination » ?

Voilà les Hébreux à nouveau en état de péché. Dieu révèle par ce biais le fond de sa pensée : « L'obéissance vaut mieux qu'un sacrifice, la soumission vaut mieux que la graisse des béliers. La rébellion est aussi coupable que la sorcellerie, la désobéissance est semblable à l'iniquité de l'idolâtrie ». Les maîtres mots sont là : *obéissance*, *soumission*. Toute initiative authentiquement *politique* est apparentée à de la *rébellion* et à de la *désobéissance*. En conséquence, son dieu le rejette : « Tu as rejeté la parole du Seigneur ; le Seigneur te rejette et ne veut plus de toi comme roi d'Israël ». Mais le sceptre n'est pas longtemps laissé en déshérence : « Le Seigneur t'arrache aujourd'hui la royauté d'Israël pour la donner à un autre ». Il faut bien dès lors que Saül passe sur quelqu'un sa frustration. Il fait venir Agag, le roi qu'il avait épargné, et jouit du spectacle que lui présente Samuel, lequel « mit Agag en pièces en présence du Seigneur, à Guilgal ». Le tuer ne suffit pas, il faut le détruire entièrement, comme on éparpille les morceaux d'un poulet pour les offrir aux chiens. Belle preuve du respect de Dieu pour ses créatures et pour sa propre création.

Dieu, ainsi, se serait vraiment choisi un roi « selon son cœur » ? Un roi soumis, obéissant, honnissant la rébellion et la désobéissance. Un roi marionnette, que n'importe quel interprète de la divinité manipule à son aise, que toute hallucination le visitant (comment n'en aurait-il pas dans le contexte d'hystérie mystique qui est celui de ce peuple ?) incline à agir tout en craignant de mal faire.

Ce roi selon le cœur de Dieu, c'est David. Samuel, dont on ne peut décidément se passer, est appelé à l'oindre. Mais Samuel craint la colère de Saül. Dieu l'incite à mentir :

> « Tu prendras avec toi une génisse et tu diras que tu viens offrir un sacrifice au Seigneur ».

L'essentiel est que le bon candidat soit choisi : « Tu oindras pour moi celui que je te désignerai ». Ne laissant aucun détail au hasard, Dieu prive Saül de la faculté du bien : « L'esprit du Seigneur se retira de Saül, qui fut envahi par un esprit mauvais qu'envoya le Seigneur ». Que Dieu ne lui inspire-t-il abnégation et résignation à la passation des pouvoirs ? Ce serait sans doute trop simple, trop rectiligne pour ce dieu qui se plaît à faire souffrir, à éveiller dans les hommes les passions les plus viles. Jalousie, envie, désir de vengeance, avidité ne sont que quelques-uns de ces instruments au moyen desquels il tourmente ses créatures.

David se présente à nous sous les traits d'un être normal. Il se signalera par son audace et sa ruse, qui lui permettent de défaire un géant. La métaphore est précise : le peuple élu, petit par le nombre de ses habitants et la « qualité » de sa civilisation (le désert, le sable, l'adémiurgie) vainc les Philistins, plus nombreux, dont la civilisation est riche, grâce à l'astuce des siens et à l'appui du Seigneur. Va-t-on, avec David, connaître enfin un roi digne de ce nom ? Un roi pacificateur et tolérant ? Non, bien sûr. La double dynamique des passions qui agitent les âmes et de l'extermination qui séduit les instincts les plus sauvages n'est point ralentie. La désignation, par Dieu en personne, de David comme roi d'Israël est- elle de nature à apaiser les querelles, à faire naître dans les cœurs de tous la sérénité due à un choix incontestable ? Dieu, qui est tout-puissant - et s'affirme bienveillant – instillera-t-il dans l'esprit des éventuels compétiteurs, des ambitieux de toutes sortes, des illuminés mystiques la résignation commode gagnée par les coureurs de brousse enfin parvenus à l'oasis ? Les desseins de ce dieu sont plus retors. David a eu, lui aussi, son content de carnages : « les corps des Philistins jonchèrent la route de Saraïm jusqu'à Gat et jusqu'à Eqron. À leur retour de la poursuite, les Israélites pillèrent le camp des ennemis. David prit la tête du Philistin [Goliath] et la fit porter à Jérusalem ». Saül, roi déchu, dès le début méprisé par Dieu, en conçoit une formidable jalousie.

Noble genèse que celle de cette monarchie dont le promoteur, Saül, poursuit de sa vindicte envieuse le fondateur, David, élu du Seigneur. Si de tels sentiments sont admissibles de la part de rivaux que n'appuie aucun dieu, ne sont-ils pas condamnables lorsque Dieu lui- même est le grand ordonnateur ? A-t-il vraiment résolu d'offrir à David le trône d'Israël ? Le doute ne semble pas de mise. Alors, pourquoi ne fait-il pas en sorte que Saül, dont il ne veut pas, soit du futur roi le plus sûr et le plus loyal des soutiens ? Pourquoi est-ce que « le mauvais esprit de Dieu s'empara de lui » ? Pourquoi cet « accès de délire » qui le pousse, devant le spectacle innocent de David jouant de la cithare, à brandir une lance tout en se disant : « Je m'en vais le clouer à la paroi ! »

Pareil à son dieu, Saül use de la plus sombre perfidie.

Sa fille, Mérab, est promise à David. Pour une raison que l'on ignore, c'est à un autre qu'elle est donnée. L'amour chez ces gens n'a que peu de place dans les relations entre les hommes et les femmes, et celles-ci sont interchangeables. David se satisfait donc du sentiment que lui voue l'autre fille de son ennemi, Mical. Saül consent à la lui laisser pour épouse, mais non sans arrière-pensée : « Je vais la lui donner pour qu'elle lui soit un piège et qu'il tombe sous la main des Philistins ». On retrouve là la machination fondamentale de Dieu, recréant un piège rappelant celui de l'arbre du bien et du mal et l'intervention du serpent dans le seul but de faire choir le premier homme et la première femme. À sa perfidie, Saül joint le crime de sang. Comme dot, il exige de son futur gendre « cent prépuces de Philistins » ! Cela se peut comparer à un père qui, chez moi, en Islande, offrirait sa fille en mariage à un jeune homme à condition qu'il lui apporte le nez tranché de cent habitants du village voisin, sous prétexte que la population de ce village n'est pas de son goût. Sans état d'âme, David s'exécute.

L'alternance entre des instants de *normalité* et d'autres où « le mauvais esprit du Seigneur fondit encore sur Saül » suscite un chapelet monotone de repentirs de la part de Saül, revenu en grâce auprès de David, repentirs suivis d'accès de rage jalouse qui entraînent le malheureux David à chercher son salut dans la fuite et la dissimulation. Un jour, c'est chez Achimélec, un prêtre, qu'il trouve refuge. Puis, il se précipite auprès du roi de Gat, Achis. Pitoyable caricature royale, face à l'hostilité de la population, David travestit sa peur en simulant la folie : « Il contrefit le dément au milieu d'eux, il tambourinait sur les battants de la porte et bavait sur sa barbe ». Quel futur souverain européen s'est-il jamais comporté ainsi qui n'eût été sur l'heure jeté aux orties ? De méprisable, la farce devient macabre. Ayant eu vent de l'accueil réservé à son rival par Achimélec, Saül va le trouver et ordonne qu'on le massacre. Un homme du nom de Doëg – mais qui se soucierait de retenir son nom ? – s'en charge. « Il massacra en ce jour quatre-vingt-cinq hommes portant l'éphod de lin. Saül fit encore passer au fil de l'épée la ville sacerdotale de Nob : hommes et femmes, enfants et nourrissons, bœufs, ânes et moutons, tout y passa ».

Pour comble d'absurdité, David en est réduit à solliciter la protection des Philistins. Le roi choisi par Dieu pour régner sur Israël doit fuir celui qui l'a oint et s'en remettre aux pires ennemis de son peuple pour survivre !

*Là, Sven s'interrompit. Au paragraphe suivant, écrit le lendemain, ainsi qu'en attestait la date inscrite en tête, il exprima à mon intention toute sa répugnance.*

Je vous avoue, mon ami, que devant tant d'incohérence et d'ignominie, face à cet étalage fastidieux de meurtres gratuits, d'actes sanguinaires mesquins et cruels, d'indignités et de pensées ignobles, négation même de ce que l'on est en droit d'attendre de personnages promis à régner, je fus tenté de délaisser à jamais ma lecture de ce texte fétide et sauvage. Me replongeant dans les sagas de mon pays, puis lavant mon âme aux vers limpides d'Horace et de Virgile, je sentis couler sur moi l'ondée fraîche de la grandeur et de la bienveillance. Régénéré, je me sentis prêt à retourner au fond du puits infect, décidé à reprendre mon œuvre puisque désireux de comprendre en quoi ce texte immonde s'est avéré si efficace à convaincre les foules de sa noblesse et de son prix.

C'est bel et bien chez les Philistins que David se rendit. Bel exemple de tolérance que l'attitude de ce peuple déjà si massacré par les compatriotes de leur hôte. David et quelque six cents hommes de sa suite y passent près d'un an et demi. Tout dirigeant lucide ferait sur l'heure passer ces Hébreux de vie à trépas. Les Philistins leur offrent pourtant l'hospitalité. Ils ferment les yeux sur les occupations de David. Occupations bénignes, aptes à distraire ces malades sanguinaires. Avisant des peuples tels que les Gessuriens, les Gerziens, les Amalécites, dont les territoires s'étendent jusqu'aux abord de l'Égypte, David et ses guerriers se risquent à de réjouissantes « incursions ». Pour ne point s'ankyloser, « David ravageait la contrée ; il ne laissait en vie ni homme ni femme ; il raflait les moutons, les bœufs, les ânes, les chameaux, les vêtements, après quoi il s'en retournait auprès d'Achis ». Aux interrogations qu'on lui faisait, il mentait. Comment aurait-il osé avouer à ceux qui l'accueillent que tandis qu'ils vaquent à leurs travaux, lui et les siens pillent et tuent ? Car « David ne laissait en vie ni homme ni femme, pour ne pas avoir à les amener à Gat. "Il ne faut pas qu'ils me dénoncent, se disait-il, et qu'ils rapportent ce que j'ai fait". Ainsi fit-il tout le temps qu'il passa chez les Philistins ».

Un jour vint où, immanquablement, les Israélites reprirent leur guerre contre les Philistins. Pour David, l'heure du choix a sonné. Trahira-t-il les siens, comme lui pilleurs et pillards sanguinaires, ou trahira-t-il ses hôtes, ce peuple qui l'a généreusement abrité ? Le débat est bref. David est hébreu, c'est donc pour les Hébreux qu'il combattra. Prudents, toutefois, les notables philistins exigent son renvoi. De retour chez lui, il constate que les Amalécites – c'est bien leur tour – ont emmené les siens, femmes et hommes, mais, contrairement à ce que font les Israélites, « sans tuer personne ». La ville, elle, avait été « livrée aux flammes ». Ces Hébreux qui ont tant massacré, c'est à eux, cette fois, de se lamenter. David pleure ses femmes, elles aussi disparues. Le dieu des Hébreux, ce

« symbole de justice », qui pas une fois n'eût inspiré à son peuple d'épargner des vies, se range du côté de David. Il l'enjoint de poursuivre les Amalécites. Ces derniers, trahis par un esclave abandonné dans la campagne, sont surpris par leurs ennemis tandis qu'ils se restaurent. Les femmes israélites qu'ils ont enlevées sont-elles saines et sauves ? Oui. Sont-elles bien traitées ? Oui. David en tiendra-t-il compte ? Après avoir lu tant de pages de l'Ancien Testament, nous connaissons la réponse. Et en effet, ces gens qui ont fait preuve de retenue envers les siens, « David les frappa depuis l'aube jusqu'au soir ».

Vous avouerai-je, cher ami, que la fin du premier Livre de Samuel m'a réservé une surprise dont je n'ai cessé de goûter tout le suc. Les Philistins, ce grand peuple d'origine indo-européenne, issu de la Grèce qui nous a faits si grands, a livré aux Hébreux une guerre digne d'Homère. « Les Israélites, frappés à mort, tombèrent sur la montagne de Gelboé. Les Philistins s'acharnèrent à la poursuite de Saül et de ses fils, et ils tuèrent Jonatan, Abinadab et Melchisua, fils de Saül. » Chacun de ces mots, je dois l'admettre, me transporte de joie. Enfin, les écumeurs écument de douleur, les ravageurs sont impitoyablement ravagés, les massacreurs formidablement massacrés ! Le premier d'entre eux, Saül, souffre déjà par la mort de ses fils. Il lui reste à payer pour ses propres forfaits.

La violence du combat se porta contre Saül. Les archers le prirent pour cible, et il fut grièvement blessé par les tireurs. Il supplia son écuyer de le transpercer de son épée ; celui-ci refusa. Pourquoi Saül voulait-il mourir ? Parce que, vaincu, il entendait sauver ainsi son honneur ? C'eût été là un sentiment romain. Un Israélite se tue par mépris de ses ennemis : « Il ne faut pas que ces incirconcis puissent venir m'outrager ». N'est-ce point ici prêter à ceux qui, loyalement, nous affrontent les mêmes sentiments que ceux qui nous animent ? Un Israélite, sans doute, eût outragé l'ennemi abattu ; pas un Philistin. Mais un Philistin, aux yeux d'un Hébreu, est-il un adversaire digne ? Non, puisqu'il n'est pas du peuple élu. C'est un être inférieur, un sous-humain, qui ne se signale que par son *incirconcision*. Impuissant, Saül se jette sur son épée et meurt. Son écuyer l'imite.

« Ainsi périrent ensemble, en une même journée, Saül et ses trois fils, son écuyer et tous ses hommes. Les Israélites qui étaient en deçà de la vallée et en deçà du Jourdain, voyant la déroute de l'armée d'Israël et la mort de Saül et de ses fils, abandonnèrent leurs villes et s'enfuirent ; et les Philistins vinrent s'y établir. » Juste retour des choses. La défaite et la honte s'abattent enfin sur ce peuple vaniteux et pervers, fanatique et sanguinaire, et son chef indigne porte contre lui-même un coup fatal. Même l'irrespect dont les Hébreux ont tant de fois témoigné envers leurs ennemis reçoit sa juste récompense. « Le lendemain, les Philistins vinrent détrousser les cadavres. Ils trouvèrent Saül et ses trois fils gisant sur le mont Gelboé. Ils lui coupèrent la tête, le dépouillèrent de ses armes et envoyèrent au pays des Philistins porter à la ronde cette bonne nouvelle, dans les temples de leurs idoles et parmi le peuple. »

Cassandre, cette fois-ci, n'ira point accabler les nôtres mais nos ennemis. N'en restant pas là, « les Philistins déposèrent les armes de Saül dans le temple d'Astarté et accrochèrent son cadavre aux murs de Betsan ». Les dieux des ennemis d'Israël tiennent là leur revanche. Les princes, les soldats mis en pièces par les Hébreux peuvent à leur tour, par le biais de leur armée, mettre en pièces ceux qui les ont haïs. Enfin, les habitants de Jabès « enlevèrent de la muraille le cadavre de Saül et ceux de ses fils, puis ils revinrent à Jabès, où ils les brûlèrent ». Je pus, cette fois-là, mon ami, refermer l'ouvrage soulagé et content.

# IX

Ce n'est pas sans appréhension que j'abordai le second Livre de Samuel. Cette longue mise en place d'une monarchie hébraïque eût pu se révéler admirable, annonciatrice d'une ère de recherche de paix et d'entente entre les Israélites et leurs voisins. Je dus rapidement déchanter. Se poursuit, dans le texte de l'Ancien Testament, la sempiternelle mélopée des carnages et des trahisons, des coups fourrés et des raisonnements tordus.

J'avoue que j'en ai éprouvé une irrépressible et répugnante nausée. Aussi vais-je me contenter – si je puis user de ce mot paradoxal dans un pareil contexte – de mettre en exergue les principales étapes qui parsèment le chemin vers la royauté.

La guerre entre la maison de Saül et la maison de David fait retentir partout l'entrechoquement des épées, le bouillonnement du sang répandu, les cris d'angoisse des mourants. La guerre civile – car c'en est une – entre les factions (seule la tribu de Juda soutient David, toutes les autres sont soit neutres soit partisanes de Saül) manifeste à tous les vents sa sauvagerie. On y tue généreusement.

Ainsi quand les troupes d'Isbaal et Benjamin, fils de Saül, et celles de David se postent de part et d'autre de l'étang de Gabaon et que, encouragés par Abner, chef de l'armée de Saül, douze jeunes guerriers de chacune des armées s'avancent pour s'affronter, ces derniers s'entretuent avec autant de brutalité que de bizarrerie. « Chacun saisit la tête de son adversaire et lui plongea son épée dans le flanc, si bien qu'ils tombèrent tous à la fois ». Voilà qui n'est pas sans évoquer quelque suicide rituel, tant est marquée l'indifférence à toute règle élémentaire, à tout principe de précaution régissant le combat corps à corps. De même, lorsque Baana et Récab, partisans de Benjamin, résolurent d'assassiner Isbaal, ils le surprirent dans sa chambre, étendu sur son lit. « Ils le frappèrent à mort, lui coupèrent la tête, la prirent avec eux et marchèrent toute la nuit par le chemin de la Plaine. Ils apportèrent la tête d'Isbaal à David à Hébron ». David les fit massacrer sans hésitation : « David donna un ordre à ses gens, qui les tuèrent, leur tranchèrent les mains et les pieds, qu'ils suspendirent près de l'étang d'Hébron ». Comment s'esbaudir, après cela, devant les flots de sang qui jaillissent des corps des ennemis d'Israël ? Le destin le plus doux réservé aux peuples que les Hébreux agressent consiste en leur asservissement. Encore David procède-t-il avec sadisme. Ayant battu les Moabites, il « les mesura au cordeau en les faisant coucher à terre : il en mesurait deux cordeaux pour les mettre à mort et un plein cordeau à qui on laissait la vie ».

Les Philistins, les Moabites sont soumis, humiliés, fiscalement écrasés. Toutes les tribus d'Israël lui ayant finalement juré obéissance, David prend Jérusalem, s'empare de Soba, bat les Araméens, ravage le pays des Ammonites, assiège Rabba. L'énumération des victoires s'étend jusqu'à la dernière page du texte, additionnant les tués par dizaines de milliers. En bon Israélite, David ne saurait tolérer ni rival ni voisin d'autre race que la sienne. Comme pour ses ancêtres, le génocide est de rigueur. Pour parvenir à ses fins, tous les moyens sont licites, y compris les plus indignes d'un roi.

La royauté davidienne, précisément, quelle est-elle ? La dignité, les vertus augustéennes, le courage, le respect de la parole donnée la caractérisent-elles ?

Toute figure de souverain doit rayonner du sens de la mesure. Telle est du moins notre conception européenne de la royauté. Une *éminence* en doit proprement *émaner*, exprimant une valeur personnelle supérieure, une honorabilité inclinant vers la grandeur d'âme, la maîtrise de ses émotions et de sa pensée. Etre un souverain *digne* résume une telle perfection, laquelle, nul roi ne l'ignore, demeure à jamais perfectible. Un roi doute, cela est certain, mais il peut le faire dans son privé, dans le silence de son conseil avec lui-même. En public, il n'en a tout simplement pas le droit. Il est la nation, le peuple, l'État. Matérialisant un pareil foisonnement, il ne peut se permettre de se livrer à l'égarement de ses sentiments exacerbés, de ses idées fusant dans toutes les directions. S'il venait à ne point se tenir à ces impératifs, il serait déconsidéré et perdrait, d'une certaine manière, sa *légitimité*. Or, c'est exactement ainsi que se comporte David lors de la cérémonie du transfert de l'Arche à Jérusalem.

« Quand les porteurs de l'Arche eurent fait six pas, il sacrifia un taureau et un veau gras. David dansait de toutes ses forces devant le Seigneur ; il était ceint d'un éphod de lin. David et tous les Israélites poussaient des cris de joie et sonnaient de la trompe, tout en faisant monter l'Arche du Seigneur ». Témoin de cette mascarade, Mical, fille de Saül, « qui regardait par la fenêtre, aperçut le roi David sautant et tournant sur lui-même devant le Seigneur ». Sa réaction fut alors celle de toute personne voyant un symbole de dignité déchoir par son comportement : « elle conçut pour lui du mépris ».

Le spectacle navrant de ce roi virevoltant est certes à

replacer dans le contexte particulier de l'Orient. Qu'il soit, en tant qu'individu, enclin à de tels abandons hystériques en est la marque ; il n'en demeure pas moins que le peuple hébreu tout entier, ainsi que nous l'avons lu dans les textes, est prompt à se livrer à des actes frénétiques de cet ordre. Nombreuses sont les occasions où les gens se roulent à terre, s'arrachent les vêtements et hurlent en levant les bras au ciel. Il n'empêche qu'en l'occurrence, le fait que l'hystérie ait procédé d'un monarque et se soit manifestée sous un jour aussi excessif et grotesque a heurté une femme pourtant de même culture. Elle ne se priva d'ailleurs pas de faire part à David du mépris qu'il lui inspirait et le traita à juste titre d'être « sans pudeur [et] un homme de rien ». La réponse du roi est navrante mais significative. Il s'est, prétend-il, exhibé devant son Dieu, car Dieu l'a choisi. Il est prêt à recommencer à la première occasion : « Je m'abaisserai davantage encore, dussé-je m'avilir à tes yeux ».

M'étendrai-je sur l'abondance insipide des vilenies de David et de sa famille ? La race d'Israël n'a-t-elle point déjà suffisamment terni son nom, sa filiation, sa mentalité et les conséquences qui en découlent ? N'est-on pas, à la lecture de ce qui précède, sur le point de régurgiter avec les affres et les remugles qui les accompagnent les ignominies commises par le peuple « élu » ? Contentons-nous d'un maigre catalogue dans le sillage de ce dont nous n'avons déjà que trop parlé : Dieu se vantant d'avoir « assigné un territoire à mon peuple d'Israël », de l'y avoir « enraciné », tout en refusant si bien l'enracinement légitime et déjà ancien des autres peuples qu'il les raya du monde des vivants par l'entremise de son peuple de massacreurs ; ce que démontre le carnage dont sont victimes les Philistins et les Moabites, soumis ensuite à la décision du hasard : étendus à terre, les survivants sont mesurés au cordeau, un « plein cordeau » leur assure la vie sauve et une existence d'esclaves, un cordeau double les condamne à mort. D'autres tombent sous les coups des Israélites. Des Araméens, sujets du roi Hadadézer, dont mille sept cents cavaliers et vingt mille fantassins furent faits prisonniers ; cruauté superfétatoire : tous les chevaux d'attelage eurent les jarrets coupés. Suivirent les Édomites, les Ammonites, dont la défaite fut accrue d'humiliations, la coalition des Syriens de Haute-Mésopotamie qui, battus, ayant perdu quarante mille hommes et sept cents chevaux, durent se résoudre à la soumission et au paiement d'un tribut. Bientôt, les hommes du roi David, sous les ordres de Joab, « ravagèrent le pays des Ammonites et mirent le siège devant Rabba. »

Survient la rencontre entre David et Bethsabée. Elle est mariée à Urie, le Hittite, peuple de haute civilisation que les Israélites néanmoins méprisent et haïssent. Elle se baigne en un geste de purification. Le roi n'a cure qu'elle soit liée à un autre par le mariage : une institution d'un peuple étranger n'a aucune valeur aux yeux du peuple « élu ». Il la séduit, elle tombe enceinte. Il convoque alors le mari, imaginant un stratagème pouvant faire accroire qu'il est le père de l'enfant à naître. Mais Urie ne rentra pas chez lui. Il ne le fit pas davantage le lendemain, après que David l'eut fait boire et l'enivra. Il écrivit alors à Joab : « Place Urie au plus fort du combat, et retirez-vous derrière lui afin qu'il soit atteint et qu'il meure ». Meurtre indirect, procédé d'un hypocrite et d'un lâche. Prenant ombrage de la méconduite de David, Dieu le punit, non en le frappant lui, mais en frappant l'enfant qu'il eut de Bethsabée. Comme toujours, c'est l'innocent qui, dans ce peuple, paie pour le coupable. Promptement consolée, Bethsabée donna au roi un autre fils, Salomon.

Passons sans tarder au règne de ce dernier, l'étalage des vaudevillesques perversités de David m'ayant conduit à un état particulièrement sournois d'écœurement. Opportuniste courtisan, créateur d'un royaume prospère fondé sur le pillage, le crime et la cruauté gratuite, assassin et violeur, multipliant les génocides à l'instar de ses prédécesseurs, David, ce tyran veule et faux ne mérite que l'oubli.

*Lassé, moi aussi, des exactions du vainqueur du pauvre Goliath, je décidai d'aborder d'un œil neuf le règne si honoré de son successeur.*

J'eus pour la première fois la curiosité de lire un résumé de la vie du grand Salomon. Me doutant qu'il s'avérerait hagiographique, je ne m'en imprégnai pas moins avec une conscience sans faille.

Élu, selon le vœu de son père David par une assemblée de notables, Salomon préfère la paix à l'agression, la richesse pour le royaume à la misère infligée aux peuples voisins. Bâtisseur, favorisant échanges maritimes et exploitations minières, il offre aux siens un monument inoubliable : le Temple, que détruira Titus. Les Tables de la Loi, enchâssées dans l'Arche d'alliance, en constituent le cœur. Le souverain rédige, dit-on, quelques-uns des textes sacrés du Testament : Proverbes, cantiques, Ecclésiaste. Son règne se conclut toutefois sur un échec puisqu'après sa mort, un schisme sépare dix tribus sur douze. Jérusalem demeure capitale et Roboam, fils de Salomon, n'étend son pouvoir que sur les deux tribus de Juda et de Benjamin. De l'unité des Hébreux ne restent que le royaume septentrional d'Israël et le royaume méridional de Juda.

L'âme apaisée, l'abord bienveillant, je m'apprête à saluer enfin un roi digne de ce nom.

Mais rien n'est décidément exempt de flétrissure dans

ce peuple du désert. On livre au roi David mourant Abisag, une jeune fille, intention malsaine entre ce vieillard à l'agonie et cette innocente. Trop âgé, toutefois, « le roi ne la connut point ». Aussitôt, le jeu de l'ambition reprend ses droits auprès d'Adonias, fils de Haggit. Il rassemble ses partisans (il en est toujours pour suivre un pouvoir en marche), invite ses frères, à l'exception de Salomon. De Nathan, le prophète, il décide également de se passer. Bethsabée, mère de Salomon, rappelle alors à David sa promesse : Salomon est celui à qui sera remis le trône. Ayant enjoint au prêtre Sadoc, au prophète Nathan et à Banaïa, fils de Joiada, d'escorter Salomon jusqu'au pied des remparts orientaux de Jérusalem, il fut obéi à la lettre. Voyageant sur une mule, il fut ensuite oint par Sadoc ; « on sonna du cor et tout le peuple cria : "Vive le roi Salomon !" ».

Enfin, David mourut et Salomon débuta son règne.

L'avouerai-je ? Pour la première fois, un Hébreu, un Israélite trouve grâce à mes yeux. Non qu'il soit innocent dans l'absolu, mais comparé à ses pairs, il mérite considération et respect. Je ne me dissimule pas que l'écrit biblique demeure un écrit, c'est-à-dire un texte rédigé par l'homme, dont la valeur historique doit être interrogée. L'essentiel, qu'il importe de conserver sans cesse en mémoire, n'est-il pas précisément le rayonnement, auprès de ceux à qui l'Ancien Testament sert de guide et de principe régisseur de leurs actes, des *mots* et non des *faits* historiques ? Crédules et croyants, bienveillants et sectaires agissent par obéissance à un texte auquel ils accordent une foi absolue. L'Histoire est ici de peu de poids ; la plupart du temps, le texte en ignore les grandes lignes aussi bien que les détails. Que connaissent-ils de la réalité de l'Israël antique, sinon ce qu'en prescrit la Bible ? Et il convient de l'admettre : les pages consacrées au règne de Salomon scintillent de mille feux en regard des atrocités commises par les autres dirigeants du peuple hébreu.

Elles commencent, certes, par des règlements de compte. Mais la vengeance n'est-elle pas l'apanage des faibles accédant à la puissance ? Un temps menacé par Adonias, fils de Haggit, proclamant avec orgueil qu'il serait roi, au mépris de la promesse faite par Dieu à David selon laquelle Salomon serait son successeur, le jeune homme hérita la royauté grâce à Bethsabée, sa mère. Sur son intercession, David, apprenant qu'Adonias immolait brebis, bœufs et veaux gras en compagnie de Joab, du prêtre Abiatar, de ses frères (à l'exception de Salomon) et célébrait déjà son avènement, favorisa sans attendre l'intronisation de l'héritier légitime. À peine devenu roi, Salomon reçut telle une gifle la demande d'Abiatar d'obtenir la main d'Abisag, que l'on mit il y a peu dans le lit de David agonisant. Bien qu'il reconnût la royauté de son frère, Abisag produisit une impression désastreuse. Condamné à mort par le souverain, il fut tué par Banaïa, fils de Joïada. Le prêtre Abiatar fut sur l'heure déposé de ses fonctions sacerdotales. Quant à Joab, meurtrier d'Abner, « général de l'armée d'Israël », et d'Amasa, « général de l'armée de Juda », Banaïa l'abattit puis « on l'ensevelit dans sa maison, au désert ».

Inauguré par des exécutions, le règne de Salomon se poursuit par des apothéoses. Intelligence et sagesse firent pendant à la richesse et à la gloire du jeune souverain. Doté par Dieu de tant de privilèges, il en usa pour la justice et pour la grandeur. Justice rendue à la vraie mère de l'enfant que se disputaient deux femmes, justice rendue aux nations alentour puisqu'il « était en paix avec tous les peuples voisins », justice encore rendue à Hiram, ample pourvoyeur de matériaux nobles pour la construction du Temple, en lui attribuant chaque année « vingt mille kors[10] de blé pour l'entretien de sa maison, ainsi que vingt kors d'huile brute » ; puis « entre Hiram et Salomon la paix régna, et ils conclurent une alliance ».

A l'appui de tant de sagesse vinrent la puissance et la splendeur. Puissance militaire :

« Salomon avait quatre mille stalles pour ses chars, et douze mille chevaux ». Splendeur architecturale (le Temple et le Palais). Profusion des richesses (« le menu de sa table, les appartements de ses gens, les demeures de ses officiers et leurs uniformes, les échansons du roi et les holocaustes qu'il offrait dans le temple du Seigneur »). Tout est de nature à émerveiller la reine de Saba (« elle en eut le souffle coupé »). Pour les échanges commerciaux, le roi fit bâtir une flotte gigantesque au fond du golfe d'Aqaba, appelée à ramener de tous les lieux d'Asie or et marchandises : coupes, vaisselle, tout était en or, et annuellement « la flotte de Tarsis revenait chargée d'or, d'argent, d'ivoire, de singes et de paons »[11].

Le chef-d'œuvre de Salomon, cependant, demeure l'ensemble constitué par le Temple et le Palais. Pour vous montrer, mon ami, que je me suis mis à la page (grâce à vous, je le concède volontiers), j'ai sous les yeux, tandis que je rédige, une reconstitution électronique établie par des spécialistes. La majesté des remparts encerclant l'édifice et le sanctuaire, le portique, les « fenêtres à grilles de bois », le « corps d'étages » laissent augurer du plafond, des lambris et des poutres de cèdre, des « chérubins, des palmes

---

[10] Un kors = 350 litres environ.

[11] Bâtiments au long cours.

et des fleurs épanouies », de la « Maison de la Forêt du Liban » du Palais, ainsi que de la « Mer de bronze », grande vasque d'eau lustrale pouvant contenir jusqu'à 350 hectolitres. Partout s'offrent des débauches de bois de cyprès et de cèdre, de pierres taillées arrachées à la montagne, d'or et de sculptures éclatant de blancheur. Au cœur du sanctuaire, l'Arche portée là par les prêtres donne au Saint des saints l'aura magique de la divinité. Faut-il admettre la critique affirmant que ces constructions sont mythiques, au même titre que le saint Graal : idéaux jaillis d'âmes exaltées vers lesquels tendre une vie durant ? N'y a-t-il effectivement aucune donnée archéologique prouvant que Temple et Palais existèrent jamais ? Qu'importe, après tout, l'essentiel n'est-il pas porté par le texte, qui seul compte puisqu'il brûle les cœurs et les âmes depuis des millénaires ?

Est-ce à dire, dès lors, qu'avec Salomon la perspective globale (politique, religieuse) exhibée par l'Ancien Testament, si impitoyablement hostile au reste de l'univers, se modifierait ?

Le roi sage émerge de fait comme un potentat plus estimable que les autres souverains et personnages marquants d'Israël. Hélas, les tares de ce peuple et avant tout de leur dieu ne se sont point effacées. Pour effectives que furent les qualités de Salomon, il est de sa race. L'assentiment de Dieu, ses objurgations servent d'alibi à ses actes, qu'on les approuve ou non. La malédiction lancée à l'encontre d'Adonias se fait « au nom du Seigneur », l'intolérance atavique des Hébreux s'énonce respectueuse de cette vérité qu' « il n'y a point de Dieu pareil à toi » et que toute acte entrepris n'a pour motif que l'obéissance absolue à sa volonté. Il s'agit d'aboutir à ce que « tous les peuples de la terre [reconnaissent] que le Seigneur est Dieu, et qu'il n'y en a point d'autre ». C'est à la condition que les

Israélites mettent en pratique tous les préceptes de leur dieu jaloux et orgueilleux qu'ils resteront « séparés de tous les peuples de la terre », en réalité haïs et pestiférés parce que leur seigneur les veut voués à son culte exclusif, éternels étrangers aux terres et aux mœurs des autres peuples, interdits d'alliances matrimoniales avec quiconque n'est pas de leur sang, imbus d'une supériorité à laquelle eux seuls croient vraiment.

Ainsi, aussi sage et soucieux de justice qu'il soit, Salomon n'en hérite pas moins un royaume acquis par le massacre de peuples établis là avant les Hébreux. De « l'Euphrate jusqu'au pays des Philistins et jusqu'à la frontière d'Égypte », que de peuples décimés, anéantis, victimes de ces calamités que Salomon se réjouit d'avoir désormais bannies. Leurs descendants, « tout ce qui subsistait des Amorrites, des Hittites, des Phérézéens, des Hévéens et des Jébuséens, qui n'étaient pas Israélites, tous leurs descendants restés après eux dans le pays et que les Israélites n'avaient pas voués à l'interdit, Salomon les employa comme esclaves de corvées, ce qu'ils sont encore aujourd'hui. Mais il ne fit esclave aucun des Israélites, qui furent ses guerriers, ses serviteurs, ses chefs, ses officiers, les commandants de ses chars et de sa cavalerie ». Races inférieures, écartées du peuple élu par un dieu de mépris et de haine, les rescapés des génocides passés ont érigé les monuments conçus par Salomon, non en tant que participants à l'œuvre commune, respectés et libres, mais en tant que proies, de porte-bât, d'assujettis, d'asservis, de tributaires, aliénés à un peuple ne reconnaissant que l'épée ou le fouet. La richesse même de Salomon, sans qu'il le désirât vraiment, peut-être, vint de l'or « qu'il prélevait sur les marchands et sur le trafic des négociants, sur les rois d'Arabie et sur tous les gouverneurs de pays. » Ainsi bénéficia-t-il « d'un grand trône d'ivoire plaqué d'or fin ».

Avec les meubles, les jardins, les bâtisses aux nobles ornements, Salomon eut aussi les femmes, oiseaux tournoyant dans les parages du pouvoir. Il « aima beaucoup les femmes étrangères, outre la fille du Pharaon », son épouse. Là, les peuples inférieurs, Moabites, Ammonites, Édomites, Sidoniens, Hittites, perdent soudain de leur indignité et conviennent tout à fait à la concupiscence du mâle hébraïque. Le dieu intolérant en éprouve de l'irritation. N'avait-il pas prescrit : « Vous n'aurez point de relations avec elles, et elles n'en auront pas avec vous » ? C'est que le roi n'eut pas seulement *une* épouse, mais sept cents, auxquelles s'ajoutent trois cents concubines qui « égarèrent son cœur » et aux nations desquelles le roi s'attacha.

Du cœur à l'esprit, le chemin est bref ; du culte du dieu d'Israël, la distance est aussitôt franchie jusqu'à celui des dieux étrangers : Astarté, Milcom (Moloc), Camos. Le dieu unique ne saurait pardonner l'injure. Il résolut d'enlever à Salomon son royaume, mais à son heure, lorsque son fils régnerait. Souffrir que « son cœur n'appartînt plus sans partage au Seigneur son Dieu » était inconcevable. La litanie des crimes reprit donc de plus belle. Dieu « suscita un adversaire à Salomon », Hadad l'Édomite, qui survécut à l'extermination par Joab de tous les mâles de son peuple. À l'exemple de Rézon, fils d'Eliada, rescapé, lui également, de massacres, mais cette fois perpétrés par David, il traita Israël en ennemi. Un autre révolté, Jéroboam, « qui était au service de Salomon, se révolta aussi contre le roi » et reçut du prophète Ahia de Silo l'assurance qu'après la chute du fils de Salomon, il accéderait au trône d'Israël.

Quel jugement porter sur ce roi ?

Pour les Hébreux, il fut grand, car il adhéra pleinement au système totalitaire israélite. Il exploita les peuples survivants des divers génocides perpétrés par le royaume, préleva le tribut, fit servir les esclaves étrangers à son rêve architectural, honora les femmes des autres nations, tout cela au nom de son dieu de fureur, exclusif et vaniteux. Pour nos principes européens hérités de la Grèce et de Rome, des Celtes et des Germains, il fit preuve d'ouverture. Curieux des cultures et des religions des autres, admiratif de leurs femmes, juste dans ses sentences juridiques, charismatique et bon vivant, respectueux de la tradition, il relève l'image exécrable de son peuple et de ses chefs. Après cette simple parenthèse dans l'écoulement des dynasties et des penseurs, nul ne devait répondre à son émulation.

Je passe sans m'arrêter sur les rois qui ont suivi : souverains médiocres, sanguinaires et intolérants, tyranniques (ainsi Roboam), destructeurs d'idoles (symboles d'autres religions), ravageurs de territoires étrangers, exterminateurs, sournois et menteurs, semant partout la stérilité et le meurtre.

Avant que de me lancer dans une autre partie de ce Testament qui pour être ancien n'en est pas moins porteur de calamités et de larmes, je pêchai quelque distraction dans les récits et les poèmes d'Ausone.

# X

Je reposai, non sans soulagement, le manuscrit de Sven et je me surpris à penser que, décidément, le résumé que je venais de parcourir concernant le royaume d'Israël soulignait la fragilité conceptuelle de cette construction politique tout humaine, mais également son insupportable prétention.

Des images me revinrent de mon enfance studieuse et vouée à la prière. Ce que la Bible appelle indûment « Royaume » d'Israël a-t-il laissé davantage qu'une trace écrite singulière dans un ouvrage qui en affirme l'existence autant que l'empire qu'il devrait exercer sur tous les humains ? L'une et l'autre m'apparurent soudain dénués de fondement, futiles et éminemment condamnables puisqu'aussi bien ils prétendaient légitimer la domination sans partage d'un peuple qui se proclamait élu d'une divinité qui lui était propre et que quiconque n'était pas de ce peuple devrait être en droit de récuser. Je savais ces écrits datant d'un âge révolu et le peuple qui s'en prévalait disparu depuis longtemps ; il n'en demeurait pas moins que leurs effets nourrissaient peut-être encore la mentalité de milliers, peut-être même de millions d'individus se réclamant du sang de tels ancêtres. Je n'eus alors aucune peine à évaluer les conséquences d'une pareille revendication, pour peu que ces individus se groupassent et que leurs cohortes devinssent divisions et corps d'armée.

*Me revint à ce moment-là un avertissement, émanant de je ne saurais plus dire qui, faisant état d'une influence mellifluente, susceptible de façonner, au gré des ans et des entreprises de propagande, des générations de coreligionnaires, mais aussi d'adversaires, affaiblis par une connaissance insuffisante de leurs propres racines, de leur histoire, de leur culture, et trop enclins à céder aux attraits enjolivés de ceux qui aspirent à leur destruction. L'état pitoyable de la civilisation européenne actuelle surgit tout à coup devant mes yeux et je tremblai de ce que j'y discernais. L'entreprise de détérioration que je redoutais était déjà fort avancée. Les parents n'éduquaient plus guère, l'école prônait l'adaptation aux mœurs exotiques au détriment de la nécessaire exigence d'adaptation des nouveaux venus à nos coutumes et à nos vertus, nos langues s'altéraient, l'amnésie gagnait notre jeunesse avant qu'elle n'ait eu la chance d'en éviter les ravages. Surtout, la honte de ce que nous étions, de nos aïeux et de leurs hauts faits submergeait nos cœurs. Les nations les plus innocentes d'Europe, comme la Suisse, répugnaient à proclamer ce qu'elles étaient profondément et ouvraient leurs bras à leurs ennemis de la veille.*

*Je saisis en cet instant toute la signification du labeur initiatique de Sven. Son esprit était libre de tout préjugé puisqu'il y a moins d'un an, il ignorait l'essentiel de l'histoire humaine au-delà des tout premiers siècles de notre ère. Les péripéties et les évolutions idéologiques qui, dès la disparition de l'Empire romain d'Occident, marquèrent la riche histoire de nos états lui furent révélées brutalement, telles des inscriptions en lettres noires sur des pages immaculées. Son intelligence, la vigueur de ses intuitions, son pouvoir de raisonnement sans concession lui ouvrirent avec promptitude la voie d'une appréhension sans faille de l'essentiel de ce qu'est le monde. Méconnaître la leçon qui découle de ses observations relèverait de la forfaiture autant que de l'irresponsabilité.*

*Des sueurs me montèrent au long du corps. Mon front se glaça et mon cœur se serra. Je devais poursuivre la lecture des considérations de mon ami et m'efforcer ensuite d'établir quelque filiation que ce fût qui se manifesterait entre les promesses de péril du passé et les dangers d'aujourd'hui. Si l'Ancien Testament s'avérait aussi pernicieux et chargé de menaces pour les peuples n'appartenant pas au peuple israélite de l'Antiquité et si son contenu présageait de tels abîmes sous les pas de nos nations, qu'en était-il précisément de l'héritage transmis aux descendants des Hébreux ? En était-il, d'ailleurs, ou ce peuple s'était-il évanoui dans les limbes de l'Histoire ? Car enfin, il est logique de présumer que de simples écrits, aussi loués soient-ils depuis des millénaires et déclarés d'origine divine, puissent avoir vu leur emprise décroître jusqu'à ne plus hanter que de faibles esprits. Mais justement, la logique n'est-elle pas absente des choses de la religion ou de la croyance ? Ne suffit-il pas d'une poignée de fanatiques pour promouvoir un mouvement conduisant aux excès les plus considérables ?*

*Sans plus attendre, je repris ma lecture.*

Je pensais aborder un autre aspect de la pensée hébraïque avec un prophète.

Le premier était Élie. Or que fut son action ? Suivre les ordres du dieu d'Israël et provoquer meurtres et massacres.

Parce que l'autel qu'il avait fait dresser et sur lequel il établit un taureau imbibé d'eau s'était enflammé après qu'il eut invoqué le Seigneur, tandis que sur l'autel de Baal, malgré de semblables invocations, il n'y eut pas la plus infime étincelle, il fit passer les prophètes de cet autre dieu au fil de l'épée.

Quoi de plus simple, face à un peuple crédule, que de faire naître des flammes quand on est possesseur de quelque secrète astuce ? Mais, dira-t-on, Élie oblige ainsi les Hébreux à ne sacrifier qu'à un seul dieu, celui de leur peuple, et il est bon qu'un peuple ait un dieu qui lui soit propre, garantissant ainsi son unité.

Soit. Mais pourquoi faire « des Syriens un grand carnage » ? Pourquoi cette haine de tout peuple étranger au peuple hébreu ou ne se soumettant pas à lui et à son dieu ? Pourquoi Élisée, le successeur d'Élie, une fois ce dernier enlevé au Ciel, répondant à des enfants qui, facétieux, se moquèrent de sa calvitie, les fit-il tous mettre en pièces par deux ourses ? Lui et son dieu ignoraient-ils que les enfants sont taquins et que leur innocence mérite l'indulgence des adultes ?

Avec Élisée, décidément, rien ne change : massacres de Jéhu, massacre des fils d'Achab, massacre des adorateurs de Baal. Que tous ces massacres puissent trouver justification de la part d'argumentateurs habiles se conçoit. Aussi n'est-ce pas leur légitimité que l'on interroge ici, mais le seul fait que des massacres succèdent à des massacres, comme si un peuple comme Israël, qui a déjà volé des terres au seul prétexte que son dieu les lui a données – on peut tout faire dire au dieu que l'on s'est inventé – n'était pas en mesure de décider qu'il vivrait désormais en paix avec tous ceux qu'il côtoie. Que chaque peuple croie à ce qu'il veut et suive le dieu qui lui convient ! Quel orgueil, quel aveuglement incite donc le peuple hébreu à conquérir, dépouiller, dominer ? Quel besoin a-t-il de se targuer d'avoir été élu par une divinité qu'il entend imposer à tous ? Un tel peuple, comment ne pas le haïr ?

Avant de mourir, Élisée promet à Joas, roi d'Israël, qu'il vaincra les Syriens « jusqu'à extermination ». Israël ne saurait-il vivre qu'après avoir *exterminé* tous les autres peuples ?

Passons sur la monotone énumération des rois d'Israël : Jéroboam II, Zacharie, Sallum, Menahem, Pecaïa, Péca, Osée le dernier d'entre eux. Je n'ai pu lire le récit de leurs maigres faits sans bailler d'ennui. Puis leur dieu décide de ruiner Israël. La raison ? « Ils avaient adopté les coutumes des nations que le Seigneur avait chassées devant les Israélites ». En d'autres termes, ils s'étaient adoucis, ouverts aux autres ; de fructueux échanges, sans doute, s'étaient instaurés. Or rien de tout cela, pour le dieu d'Israël, n'est admissible. Pour avoir renié sa mégalomanie et son intolérance foncière, son peuple doit donc être châtié. Sous le règne de Sédécias, roi de la tribu de Juda, Nabuchodonosor, roi de Babylone, marcha - juste retour des choses - « avec toute son armée contre Jérusalem ». Siège, famine, fuites, poursuites s'ensuivent. Enfin, le chef de la garde babylonienne réduit en cendres le temple, le palais royal et toutes les maisons ; puis les Babyloniens détruisent le mur entourant la ville. La population, elle, est emmenée en captivité.

Ainsi se terminent ces Livres des Rois si indigestes, tableau d'exterminations toutes plus abominables les unes que les autres, hymne au voyeurisme le plus pathologique. Je me contentai par la suite de parcourir le tout aussi indigeste Livre des Chroniques. Quel intérêt peut-il présenter, dès lors que l'on n'est pas Israélite ? Les histoires que contiennent ces chroniques sont propres à Israël. Pour les autres peuples, aujourd'hui encore, elles ne sont que récits contextuels qu'il serait perdre son temps que de lire.

Je m'arrêtai tout de même au Livre de Judith.

Il y est question de Babylone et de son roi. L'occasion m'était offerte de comparer ce que l'on sait de Nabuchodonosor, ce grand roi, avec ce qu'en dit l'Ancien Testament, ouvrage de propagande d'un peuple intolérant. J'ai déjà fait allusion, au début de cet ouvrage, à la Mésopotamie et à ses peuples. Abordons plus franchement le sujet.

À l'origine sont deux peuples, tous deux de qualité. Le plus robuste des deux, ethniquement, était sémitique : les Akkadiens ; ils finirent par absorber le second, d'origine incertaine : les Sumériens. On doit à leur union l'écriture ; on doit à leur génie un exemple d'organisation économique et politique. L'espace entre Tigre et Euphrate, éminemment fertile, était couvert de champs cultivés : céréales, palmiers-dattiers, fruits, légumes. Leurs plans d'irrigation, qui leur permirent d'accéder à une agriculture d'envergure, à laquelle fut ajouté l'élevage, méritent notre admiration. Derrière cette remarquable organisation : une direction centrale solide et déterminée, un modèle monarchique qui établit des cités-États constituées de hameaux, de bourgs, de villages. L'idée impériale y prit corps. Il manquait pour en étendre l'influence un élément déclencheur : une personnalité. Ce fut Sargon, roi de la cité d'Akkadé, qui imposa son règne depuis la partie occidentale de l'Iran jusqu'à la Syrie.

Mais la stabilité politique n'est jamais définitive : l'homme, comme la Nature, varie sans cesse. Le goût de l'unité impériale était néanmoins établi. Des rois d'envergure le concrétisèrent.

De Babylone vint Hammurabi. Il rassembla, intégra, créa un code juridique admirable d'équité, d'équilibre et d'efficacité.

Mais le second millénaire avant notre ère à peine écoulé de moitié, le bel édifice ploie sous les coups de montagnards des monts Zagros : les Cassites. La grandeur de Babylone demeure toutefois. Bientôt elle se dégage de l'emprise étrangère. Sa partie assyrienne (septentrionale), étroitement liée intellectuellement et culturellement à Babylone même, brille sous la houlette de souverains énergiques. Puis vient le déferlement araméen, vers la fin du IIIe millénaire, qui additionne à la grandeur babylonienne une vigueur nouvelle. Déjà, on a inventé l'alphabet, la clé culturelle par excellence. Trois cités se partagent successivement la capitale : Assur, Kalakh (Nimrud), Ninive. Les campagnes militaires se succèdent, sous la direction de grands souverains : Asarhaddon, Assurbanipal, Nabuchodonosor II, Nabonide.

Ce sont là les derniers feux. La Perse, emmenée par Cyrus II, envahit l'empire (539) qui devient satrapie. En 330, Alexandre le Grand l'intègre à son empire et fait de Babylone sa capitale. Viennent ensuite les Parthes, les Romains. La Grande Mésopotamie est morte.

Pour les Hébreux, Babylone est la maudite, maculée d'opprobre, engluée dans le péché.

Qu'en dit la démarche historique ?

*Je m'apprêtai à lire avec la plus grande attention l'analyse de mon ami Sven. J'avais en effet étudié précisément l'histoire de Babylone et des civilisations qui l'avaient précédée. J'étais donc impatient de comparer mes connaissances et mon opinion avec les siennes.*

Je retirai de mes nombreuses lectures relatives à la civilisation babylonienne une impression d'éblouissement. Peut-on rêver plus équilibré que cet ensemble mêlant tolérance et organisation, simplicité des mœurs et grandeur architecturale, hédonisme modéré et sens du devoir ? L'un des auteurs que j'ai consultés parle d'une « civilisation de la raison ». On ne saurait mieux décrire cette structure exaltant le respect : des lois, des autres, des tâches à accomplir. Éviter les conflits, remplir son devoir d'État et son devoir religieux, garder en tout mesure et raison participent d'une préoccupation constante d'harmonie sociale, politique et culturelle.

*Voilà, me disais-je, qui me fait songer à la définition que donne Gislain de Diesbach de cet élément inséparable de toute civilisation digne de ce nom qu'est le savoir-vivre. Le savoir-vivre, écrit-il en substance, est ce qui empêche la guerre civile, fléau inévitable dans la mesure où l'être humain, fondamentalement, est conduit par un égoïsme démesuré et un égocentrisme qui, sans quelque restriction établie par la loi et la tradition comportementale du groupe, l'entraîne vers les pires excès. Notre époque qui, précisément, dédaigne le savoir-vivre, ne sombre-t-elle pas chaque jour davantage dans la guerre de tous contre tous et ce qu'elle abandonne dans son sillage : haine du voisin, indifférence envers le bien commun, poursuite irréfrénée du profit personnel ? Ainsi se réalise la constatation – et la prédiction – de maître Vergès : notre monde est entré dans l'ère de l'ensauvagement.*

Le Babylonien se souciait de satisfaire raisonnablement ses besoins vitaux : boire et manger avec délectation, se vêtir avec goût, s'assurer un toit qui le protège des intempéries, savourer les plaisirs du corps, même homosexuels, pourvu qu'ils ne lèsent personne.

*Ce dernier trait me ravit. Quel abîme entre ce respect manifesté envers les invertis et le terrorisme sexuel exercé de nos jours par les divers groupes de pression LGBT (j'oublie quelles autres lettres s'ajoutent à cet acronyme, tant les perversions sont aujourd'hui nombreuses) avec l'appui des institutions ! Il ne nous est pas uniquement demandé de ne plus montrer du doigt ces gens qui, après tout, prennent leur plaisir de la manière qui convient à leur nature profonde et dont il est légitime qu'on leur en reconnaisse le droit ; mais il est exigé de tous que l'on admette l'homosexualité sous toutes ses formes en tant que norme, à l'égal de ce qui est loi de nature : l'amour, la passion des corps entre un homme et une femme. L'État n'autorise-t-il pas, surtout en France, les associations d'invertis à répandre dans les écoles l'idée que s'adonner à l'homosexualité est nécessaire ? L'ONU n'encourage-t-il pas, au regard de sa Charte pour la sexualité des enfants, à pervertir les bambins, éveillant artificiellement chez eux un intérêt pour la sexualité qui n'appartient en aucune manière à leur âge et qu'il est criminel d'encourager ? Quelle sagesse que celle de Babylone ! Quel dégoût suscite chez les êtres sains le déséquilibre vicieux de notre temps !*

Pour le reste, les joies de la famille, le souci du travail bien fait motivaient le Babylonien. Quant aux devoirs religieux, ils étaient d'autant plus faciles à accepter que leur panthéon polythéiste n'avait aucun rapport avec le dieu jaloux, vaniteux, sadique et cruel des Hébreux. Pour les Babyloniens existait la Terre, lieu de l'existence des êtres vivants, île maritime entre la concavité du Ciel et la concavité symétrique de l'Enfer. Leurs dieux n'exigeaient rien, sinon de poursuivre en toute insouciance leur vie de félicité. Pour ce faire, il leur fallait des offrandes (nourriture, etc.) et des symboles de dévotion : temples, palais, tours (ziggourats) – lien privilégié entre Terre et Ciel, – statues. Point de méchanceté gratuite contre les hommes, car les dieux sont justes, juges au tribunal de l'éternité, bras omnipotent mais non malveillant du Destin.

Les similitudes avec l'esprit européen tel qu'il existait dans l'Antiquité et au Moyen-Age sont frappantes.

L'une des premières est l'acceptation de la hiérarchie sociale, du sort qui est le sien ; non point, comme l'ont caricaturé les ennemis de la civilisation européenne authentique, en tant que résignation douloureuse, mais comme l'antithèse de l'individualisme forcené menant à l'affirmation agressive d'une ambition personnelle déchaînée et hostile aux autres. Cela n'entravait aucunement que des personnalités talentueuses ou déterminées eussent de l'ambition et fussent dès lors à même de gravir l'échelle sociale, soit en se propulsant vers le haut à force de volonté et d'effort, soit en rendant leurs qualités personnelles évidentes aux gens de pouvoir. Ainsi en allait-il à Babylone. L'ensemble de la population n'était cependant point obsédé par la course aux honneurs et à la fortune au détriment de la collectivité.

Autre similitude : l'hédonisme équilibré, plus proche de celui d'un Épicure que de viveurs décadents et lubriques. De même que l'épicurisme ne prônait pas la jouissance illimitée des bienfaits de l'existence, mais la volupté de mets bien apprêtés, de nectars délectables, de lectures enrichissantes et salutaires, de moments d'amitié insoucieuse et désintéressée, l'hédonisme babylonien refusait l'abandon irresponsable aux excès dont les conséquences sont nuisibles aussi bien à la santé du corps et de l'esprit, à l'harmonie générale de l'individu ou du groupe, à la perception que l'homme modéré et sain doit maintenir de lui-même.

À cet hédonisme de bon aloi on peut ajouter, autre concordance, une tolérance religieuse aux antipodes de l'exclusivisme et de la tyrannie subis par les Israélites. A l'instar des Romains, les Babyloniens n'eussent pas compris que l'on voulût détruire les statues de leurs dieux pour leur substituer un dieu que l'on fût forcé de considérer comme unique, tous les autres étant voués à l'exécration et à l'annihilation.

On ne saurait passer sous silence, en cet instant, l'exceptionnelle qualité des réalisations de la civilisation babylonienne.

Peuple bilingue (lettrés, savants, gens instruits parlaient et écrivaient les deux langues d'origine : le sumérien et l'akkadien), intellectuellement curieux, désireux de comprendre l'univers et les choses de l'existence, il développa un savoir insigne. Il n'était point spéculatif, mais pratique, utilitaire, ce qui explique qu'il brilla dans des domaines tels que les mathématiques (on aimait classer, ranger, comparer, analyser, bâtir ; il fallait donc des comptables, des géomètres, des architectes), l'astronomie, la médecine. La méthode d'analyse et de réflexion est analogique, fondant la légitimité de ses conclusions sur les rapports de similitude entre objets, phénomènes et faits.

Surtout, on doit aux ancêtres sumériens de Babylone l'instrument fondamental garantissant le progrès intellectuel et scientifique, ainsi que l'évolution de l'esprit : l'écriture (vers 3000 avant Jésus-Christ). L'un de ses plus beaux fleurons fut l'inscription dans le marbre du chef-d'œuvre législatif du premier des grands rois : Hammourabi (1793-1750).

Un grand Code conçu par un grand roi. Son principe essentiel : « Justice et Équité » ne pouvait naître que dans l'esprit d'un roi conscient de son rôle et de ses responsabilités. Souverain arbitre, sauveur, coopté par ses pairs, doté des pleins pouvoirs non pour lui-même mais pour le bien commun, il établit un corps de magistrats professionnels chargés d'administrer la Justice. Ces magistrats, le cas échéant, en appelaient directement au roi, de manière à éviter toute iniquité.

De fait, Hammourabi intervint beaucoup ; que ce fût dans les procès, dans l'administration, dans l'économie. Homme du bon gouvernement, il se devait d'être sage et avisé. Des contrepoids à son pouvoir existaient, par ailleurs, sous la forme de deux assemblées : l'une composée d'Anciens (choisis pour leur circonspection et leur expérience) et l'autre composée d'hommes dans la force de l'âge, plus entreprenants et déterminés. Installées près du pouvoir royale, elles avaient leur équivalent à tous les niveaux des gouvernements urbains et ruraux. Loin de n'être que nominale, leur influence était à même de remettre en cause une décision prise au sommet de l'État.

La période qui nous intéresse le plus ici et qui justifiera que nous nous intéressions à d'autres réalisations remarquables, tout en introduisant la comparaison entre Babylone et Israël, se situe au passage du VIIe au VIe siècle. La civilisation babylonienne connaît là son apogée. Le second des très grands rois y contribue : Nabuchodonosor II (605-562).

L'éclat de l'empire, la beauté exceptionnelle de sa capitale – qui « surpasse en splendeur, rapporte Hérodote, toutes les autres cités du monde connu » - exciteront tout naturellement la haine du peuple hébreu. Ce peuple du désert, ennemi de l'art, de l'architecture (à l'exception du temple de son dieu), de tous ceux qui n'appartiennent pas à sa race, ne saurait voir autre chose dans la civilisation la plus brillante du Moyen-Orient que la main du diable et dans les habitants des plus belles villes des orgueilleux insupportables au dieu de la Bible, des créatures perverses et maudites qu'il s'agit de convertir et dont il convient de pulvériser les chefs-d'œuvre.

Ils existent à foison, ces chefs-d'œuvre : temples et palais, monuments et statues, villes fortifiées et canaux. Leur Code législatif, voué à la protection du faible par le fort – ce qui le rapproche de la chevalerie médiévale, - n'a rien de commun avec la législation du dieu hébraïque, toute d'interdits et de châtiments révélant un état d'esprit mesquin, intransigeant, propice au mensonge, à la trahison, au sadisme, à la vengeance aussi aigre qu'inexorable. Leurs habitats médiocres ne correspondent en rien aux demeures babyloniennes vernies et colorées, aux murailles recouvertes de tuiles vernies, aux motifs multicolores représentant des dragons, des lions, des taureaux. Quelle ville israélite se compare-t-elle à la capitale aux huit portes de bronze, dont l'impressionnante porte d'Ishtar, déesse de l'amour et de la guerre, ouvrant sur la voie des Processions, large de vingt-deux mètres ?

Le roi qui en conçut les plans était Nabuchodonosor, détesté des Hébreux, souverain qu'il fallait abattre à tout prix, Nabuchodonosor le vaniteux, qui avait osé embellir davantage Babylone. Quel triomphe, d'ailleurs : s'élève dans le ciel de la brillante capitale Etemenanki, la vaste ziggourat commencée par Nabopolassur, le père de Nabuchodonosor ; le temple de Marduk, dieu principal du panthéon babylonien, voit ses chapelles restaurées ; le palais royal est agrandi et fortifié, son décor amplifié et magnifié ; le tracé de la porte d'Ishtar et la voie qui y naît sont réalisés ; les remparts de la cité sont achevés ; les grandes villes de l'empire sont embellies, modernisées : Dilbat, Kutha, Sippar, Ourouk, Zarsa, Our, Borsippa, toutes sont enrichies d'œuvres, leurs murs recouverts d'or, d'argent, de bois précieux, d'ivoire ; l'art, la littérature s'épanouissent. Apparaissent les légendaires et superbes jardins suspendus dont seule subsiste une arche gigantesque avec sa couche de terre sur le toit. La conception en était extraordinaire. Au sous-sol, des pompes assuraient la répartition de l'eau vers le haut. Elle irriguait ensuite les plates-bandes où proliféraient fleurs et arbres. Des allées, semble-t-il, les parcouraient.

Comment le peuple hébreu se fût-il dispensé de haïr tant de beauté ? D'autant que l'on s'était mis à ériger une tour de quatre-vingt-dix mètres : Babel. Dans l'esprit des Babyloniens, il s'agissait d'une ziggourat comme tant d'autres, simplement plus haute et plus belle. Son but : célébrer la relation entre les dieux et les hommes, honorer les premiers, les rapprocher des seconds. Louée par tous les peuples, la ziggourat de Babel est dénigrée par les seuls Israélites qui n'y voient qu'un inacceptable aveu de vanité et d'orgueil.

Qu'est devenu, en réalité, le peuple hébreu ? A la mort de Salomon intervient un schisme (931 avant notre ère) ; les tribus se séparent. Au nord, dix d'entre elles constituent le nouveau royaume d'Israël. Son roi est Jéroboam. Au sud, deux tribus, Juda et Benjamin, forment le royaume de Juda. Des Lévites le rejoignent. Jérusalem est sa capitale. Son livre est la Torah, tirée du Pentateuque, le cœur du fanatisme vétérotestamentaire. Les imprécations les plus cruciales contre les non-juifs y sont inscrites, de même que les malédictions contre ceux qui ne reconnaîtraient pas le dieu des Hébreux comme l'unique dieu (tous les autres étant exclus et voués à l'anéantissement). Genèse, Exode, Lévitique, Nombres et Deutéronome en sont les composantes. Moïse est à leur origine ; Moïse le sanguinaire. Une loi dérivée des commentaires des rabbins se développera en parallèle, vétilleuse, alambiquée, confuse.

En 722, les Assyriens défont le royaume du nord ; Samarie, sa capitale, est assiégée et conquise. Une partie importante de sa population est emmenée en Mésopotamie où on la traite bien. Les autres gagnent Juda. Mais le royaume de Juda ne saurait s'apaiser face à un empire plus puissant que lui et surtout étranger aux croyances et aux préceptes véhiculés par la Torah. Des oracles promettent sa destruction, le retour des exilés sur la terre de Judée, le rétablissement du temple de Jérusalem. Les révoltes contre l'ennemi si proche se succèdent. Celui-ci réagit, exile davantage d'insoumis, les disperse dans les provinces babyloniennes.

La patience de Nabuchodonosor n'aura pourtant qu'un temps. En 605, il triomphe dans une bataille contre les Égyptiens, à Karkemish. Les Judéens prennent parti plutôt pour l'Égypte. Leur roi, Joaïakim, franchit le pas en 598 et défie Babylone. Les Hébreux sont battus, leur roi est tué, le royaume sort affaibli. Une nouvelle révolte, en 593, connaît à nouveau l'échec. En 589, Sédécias, roi de Juda, s'allie aux Égyptiens. Il refuse de s'acquitter du tribut et proclame l'indépendance de son peuple. Jérémie, le prophète, plus avisé, le dissuade de provoquer l'empire. Sédécias n'en tient pas compte, il s'obstine. C'en est trop. Nabuchodonosor envahit la Judée, assiège Jérusalem. Le siège dure cinq mois. Affamés, les habitants cèdent, la ville tombe. Là où les Hébreux avaient coutume de tout détruire et d'exterminer hommes, vieillards, femmes, enfants, serviteurs et bétail, les Babyloniens se contentent de raser les quartiers aristocratiques, de détruire le temple, de piller les maisons des riches. Sédécias, coupable d'avoir entraîné les siens dans ce désastre, est capturé, ses yeux sont crevés, ses enfants massacrés. Il mourra plus tard, à Babylone. Une fois de plus, pour une partie de la population, c'est l'exil. Daniel sera parmi eux.

Le Livre de Judith décrit avec moult détails, la plupart mensongers et hyperboliques, les exactions et les crimes perpétrés par le roi de Babylone et ses troupes lors de leurs guerres de conquête. C'est, de la part des écrivains hébreux, prêter à leurs ennemis les mœurs qui sont en réalité les leurs. Les armées de Nabuchodonosor menaient des guerres qui, hélas, aboutissaient à ce qui est le lot de toute guerre : elles tuaient et détruisaient ; elles épargnaient aussi. Les Israélites, eux, massacraient et exterminaient ; jamais ils n'épargnaient.

Les exilés bénéficièrent en fait, dans cette Mésopotamie qu'ils exécraient et qu'ils rêvaient d'anéantir, d'un traitement aussi humain qu'inespéré. C'est que les gens d'entre les deux fleuves n'étaient ni intolérants ni dédaigneux de leurs voisins. Les Juifs prisonniers jouirent de nombreux privilèges. Ils furent en droit d'acquérir des terres. On les jugea non d'après la loi babylonienne, ce qui eût été logique, mais d'après les lois propres au peuple hébreu.

*Je songeai, à ce moment-là, que telle avait été la pratique des peuples germaniques après la dissolution de l'empire romain d'Occident. Ensemble de peuples sémitiques, la civilisation babylonienne, décidément, était plus proche de la civilisation européenne que de cet autre peuple sémitique : les Hébreux.*

Mieux encore : certains, parmi les Israélites les plus dignes et les plus capables, furent promus à des fonctions insignes dans l'empire. N'alla-t-on pas jusqu'à élever aux plus hauts sommets de l'administration du palais des jeunes hommes prometteurs tels que Daniel ? Il était certes de race royale. Très jeune encore, il reçoit, d'ordre exprès du roi, une instruction complète dans le savoir et les sciences chaldéens, habituellement réservés à la progéniture de l'aristocratie locale. Plusieurs de ses compagnons bénéficient du même avantage. Adultes, ils se voient offrir des emplois à grande responsabilité dans les diverses provinces de l'empire.

Eux-mêmes et leur peuple en conçurent-ils pour leurs magnanimes vainqueurs reconnaissance et respect ? Ce serait une fois encore méconnaître la mentalité particulière du peuple israélite. Pour la nation babylonienne, il n'a que mépris et haine, et ne souhaite que son écroulement.

Nabuchodonosor, nous dit le texte biblique, fait un rêve qui le perturbe. Il en demande la signification profonde à Daniel. Celui-ci saisit l'occasion pour déverser sa haine de tous les peuples supérieurs au sien et qui, présents et à venir, domineront le monde connu. Plus tard, le roi aura un autre songe. Le dieu des Hébreux entend punir son orgueil – toute magnificence auréolant un peuple étranger aux Hébreux est jugé orgueilleux et donc en état de péché – et le représente ravalé au niveau d'un animal, marchant à quatre pattes, gobant sa nourriture en léchant le sol. Il échappera, après sept années, à sa servitude humiliante, mais seulement parce qu'il aura reconnu l'unique et vrai dieu dans celui d'Israël. Voyant loin, Daniel lui décrira un troisième songe. On y distingue Cyrus, le Perse, assiégeant la cité, tandis que Balthasar, petit-fils de Nabuchodonosor, et un millier de ses partisans, confiants dans la solidité de leurs murailles, célèbrent, ripaillent et s'abandonnent au plaisir. De surcroît, innommable sacrilège, c'est dans des vases d'or arrachés au temple de Jérusalem qu'ils étanchent leur soif. Pendant la nuit, Babylone tombera, son roi sera tué, Darius, le Mède, gouvernera. Parmi les ministres qu'il se choisira pour l'assister dans sa tâche figurera Daniel, l'opportuniste.

Des trois songes, le premier suscite mon inquiétude.

Daniel, ou plutôt celui qui, dans le texte, rédigé plusieurs siècles après les événements, le met en scène, y cible les empires, les civilisations, présents et futurs, tous dissonants par rapport à la civilisation hébraïque ; mais c'est pour en décrire l'agonie. Nabuchodonosor a vu en songe une statue gigantesque. La tête en est d'or, la poitrine et les bras d'argent, le ventre et les cuisses d'airain, les jambes et les pieds de fer et d'argile. Les quatre niveaux anatomiques subiront un effritement et une destruction. Le plus grave, toutefois, se situe dans l'interprétation qui, plus tard, sera fournie par les exégètes. Les quatre parties sont censées représenter Babylone, la Perse, l'empire d'Alexandre, Rome. La conclusion fait frémir : tous ces empires, toutes ces civilisations infiniment supérieures et plus brillantes que celle d'Israël, seront abattus. Seul subsistera, vainqueur absolu, gouvernant tous les autres peuples de la terre, le peuple hébreu. Quiconque n'est pas de sa substance est condamné à lui être esclave ou tributaire ; sinon, c'est l'extermination.

Il ne m'a pas échappé qu'avec le Livre de Judith, j'abordais un domaine que seule l'Église latine admet comme canonique. Les Israélites et leurs éventuels descendants – en ont-ils ? Je reconnais ne m'être pas encore penché sur cette question – l'en ont exclu. Du point de vue historique, il est manifestement fantaisiste et incohérent. Aussi l'intérêt qu'il représente se situe-t-il ailleurs.

Écrit vers le IIe siècle avant notre ère, il ne dépare nullement la mentalité qui prévaut à travers l'ensemble du récit vétérotestamentaire tel que nous l'avons parcouru. On y retrouve les traits essentiels du peuple hébreu.

Et d'abord, le travestissement de tout peuple qui ne lui est pas consubstantiel. Ainsi Babylone ne peut être qu'un gigantesque lieu de débauche et son roi ne saurait être qu'un tyran sanguinaire, de même que les officiers qui le servent. Le jugement est cocasse de la part d'un peuple accumulant incestes, adultères, beuveries, mensonges, trahisons et qui fait de la duplicité l'un des piliers de sa morale. Face à une telle caricature, le monde babylonien, tout de mesure et de raison, mérite en fait notre admiration. Son sens de la beauté et de la grandeur, tout entier dirigé vers la création de chefs-d'œuvre architecturaux et artistiques destinés à louer les dieux de son panthéon et à offrir à son peuple un cadre de vie pratiquement et esthétiquement agréable ne peut que lui attirer la haine d'un peuple issu du désert et donc incapable de présenter le moindre monument (en dehors du temple de Jérusalem), la plus petite œuvre d'art dignes de passer à la postérité. Détruire Babylone et les villes des civilisations entourant Israël est un leitmotiv qui parfile le récit biblique.

Judith elle-même, dont le nom signifie « juive », symbolise Israël. Elle est belle, déterminée, astucieuse et fanatique de sa religion (ne reproche-t-elle pas aux siens leur peu de foi ?). Pour celui qu'elle considère comme un adversaire à abattre, Nabuchodonosor, nul respect, ni de sa personne, ni de son rang, ni de la vérité. Décrété roi d'Assyrie, alors que c'est de Babylone qu'il s'agit, il est censé attaquer le royaume de Juda dans le but de se faire adorer comme un dieu. On ne saurait porter accusation plus absurde. Le dieu principal du panthéon babylonien était Marduk. Aucun roi de Babylone n'a jamais prétendu en être l'égal, ni d'ailleurs être autre chose qu'un intermédiaire entre les dieux et leur peuple. Le général de l'armée de Nabuchodonosor, Holopherne, est dépeint sous les traits d'un ivrogne, dépravé et lubrique. Voilà qui expliquerait qu'il se soit laissé séduire aussi aisément par Judith, femme appartenant au peuple qu'il était venu combattre.

En revanche, Judith, image du peuple hébreu, en partage les caractéristiques. Usant du mensonge, souhaitant rencontrer Holopherne sous un faux prétexte (lui transmettre des informations), elle ne suscite chez lui aucune méfiance. Il se saoule au point de n'être plus qu'une épave livrée aux instincts meurtriers de son ennemie. Les militaires qui l'entourent sont donc bien naïfs ou trop englués dans le stupre et la fornication pour ne pas entourer la rencontre de leur chef et d'une femme venue du camp adverse des plus élémentaires précautions. Cette femme, après tout, est prête à trahir les siens. C'est là une attitude qui, auprès de tous les généraux de quelque armé que ce soit, ne saurait lui attirer que dédain et défiance. Quant à Judith, faut-il qu'elle soit peu scrupuleuse de la règle qui veut qu'un Israélite, à plus forte raison une femme, doive se préserver de tout contact avec un païen. Or, Holopherne ne s'est certainement pas contenté de la regarder. Quelle haine devait donc habiter cette native de Béthulia (ville fictive dont le sens est « vierge ») pour qu'elle n'hésite pas à livrer son corps aux caresses d'un étranger abhorré.

*Parvenu à cet endroit du récit, Sven précise qu'il entend précipiter sa conclusion. Son propos, rappelle-t-il, a dès le départ été d'exprimer en toute liberté et sans connaissances préalables l'impression première que lui inspirent certains passages clés de l'Ancien Testament, document dont il ignorait jusqu'à l'existence avant que j'évoque l'importance (usurpée, incompréhensible) dont il jouit depuis plus de deux mille ans. Mais une autre raison l'incite à ne pas poursuivre : la lassitude dont l'afflige un texte qui l'insupporte. « Le schéma répétitif qui le sous-tend, écrit-il, finit par influer sur mon style, lequel, je m'en aperçois, devient à son tour itératif dans sa syntaxe et dans son vocabulaire. Je ne sais s'il apparaît au lecteur aussi ennuyeux qu'à moi-même, mais que l'on me fasse crédit de ma bonne foi : le schéma structurel* mensonges, haine, provocations, massacres, extermination *subsume à tel point, de manière si constante et si monotone le tissu narratif de l'Ancien Testament que le compte-rendu analytique que l'on est amené à en faire suit inconsciemment un parcours semblable. Certes, je n'entends pas briser là, sans autre forme de transition vers une conclusion bâclée. Simplement, je n'ai pas l'intention d'aller plus avant dans l'examen d'un texte dont je n'attends plus rien de significatif pour nous autres, authentiques Européens. Je vous enverrai sous peu une conclusion censée, étant bien entendu que je n'entends passer ni pour un exégète ni pour un ennemi des possibles descendants du peuple hébreu qui, s'ils existent en notre temps, ne peuvent être tenus responsables des exactions et de l'intolérance de leurs ancêtres. »*

*Je pris donc le parti d'attendre la communication de Sven, pas mécontent de ce répit dans le déroulement d'un récit et d'une analyse parfois éprouvant.*

# XI

*Comme je n'étais pas disposé à ronger mon frein dans l'espoir d'un envoi rapide des conclusions de Sven, j'entrepris de sérieuses recherches concernant l'histoire juive et sa relation avec l'actuel État d'Israël. Je m'aperçus très vite que je n'en avais qu'une connaissance superficielle et en grande partie influencée par les grands instruments du mensonge officiel. Sur ce, un courrier me fut acheminé, en provenance d'Islande, dans lequel Sven me précisait ce qui suit :*

Mon cher ami, laissez-moi vous avertir que, quittant le prisme de la seule lecture de l'Ancien Testament, pour ainsi dire hors de tout contexte historique ou théologique, je me suis plongé dans la nécessaire comptabilité des faits établis à son propos.

Voici ce qu'il convient d'en savoir :

1. Le canon juif est centré sur le Pentateuque, les cinq premiers livres de l'Ancien Testament, c'est-à-dire la Genèse, l'Exode, le Lévitique, les Nombres et le Deutéronome dont le roi Henry VIII d'Angleterre, fin connaisseur et homme de grande intelligence, disait qu'il exsudait l'ambiguïté. On pourrait à vrai dire affirmer la même chose de tout l'Ancien Testament.
2. Le Pentateuque, rapporté par Moïse, constitue le cœur de la foi d'Israël. Il forme la Torah, ou loi écrite, à

      laquelle furent liés les commentaires rabbiniques, une sorte de Torah orale, que les Juifs ne sont pas majoritaires à juger légitime.
3. Enfin, en poursuivant mon étude au-delà, en planchant par exemple sur le Livre de Judith, je m'aventurai dans le canon de la Bible grecque (deutérocanonique), que ni les orthodoxes ni les Juifs n'admettent comme procédant de la parole divine.

    Je me rends compte ici que je vous surprends : eh oui, j'ai bien évolué depuis le début de mon entreprise. Je n'étais alors qu'un modeste pêcheur et chasseur, un homme de la nature, avide lecteur, il est vrai, mais l'oreille essentiellement attentive aux murmures du vent et des ruisseaux. Il m'est apparu indispensable, depuis lors, de prendre en compte, dans la mesure du possible, une part des écrits des hommes depuis qu'existe l'écriture, leurs interrogations, leurs réponses, leurs doutes, les maigres certitudes qu'ils ont établies. J'ai donc abordé les écrits, les documents relatifs aux croyances, aux religions, aux mythes, aux superstitions. Je sais à présent que du judaïsme sont issus deux ensembles dogmatiques : l'ensemble chrétien, à l'origine duquel est un personnage dont on n'a ni la preuve qu'il eût existé ni la preuve qu'il fût une pure invention ; l'ensemble islamique, établi par un homme de chair et d'os qui prit la Bible en exemple et s'en inspira.

    Regretté-je d'avoir outrepassé le Pentateuque ? Pas le moins du monde. Au-delà figure tout autant, comme par exemple dans le Livre de Judith, la substantifique moelle de l'âme israélite : la vanité, la conviction d'être un peuple élu – ce qui lui vaut exemption face aux conséquences des forfaits qu'il accomplit, - le loisir d'assassiner, de massacrer, d'envahir, d'user de la plus extrême cruauté dès lors qu'un dieu jaloux et furibond en donne *quitus*.

*Sur ces mots s'achevait le bref message de mon ami. Il me décida – il n'est jamais trop tard pour bien faire – à entreprendre, moi également, une quête, fût-elle sommaire, des éléments constituant véritablement le* credo *juif. Avant tout, il m'importait, à notre époque de retour de la Terreur révolutionnaire de 1793 en Europe, particulièrement en France, où toute opinion – pis encore : tout questionnement - concernant certains sujets interdits valent à celui qui s'y engage la mort sociale, professionnelle, politique, voire judiciaire, il m'importait, dis-je, de ne pas m'écarter de la voie stricte des faits.*

*Je fus toutefois gagné de vitesse par mon ami Sven.*

*Il ne cessait de m'ébaubir. Depuis qu'il avait rencontré l'homme d'Arborg, son érudition s'était amplifiée au-delà de ce qui était imaginable. Alors même que je me disposais à lui écrire afin de le mettre au courant de mes dernières découvertes, je reçus de lui un mince document dont voici la teneur.*

Mon ami, j'émerge à peine de journées et de nuits de travail. Vous savez ma robustesse. Je n'en suis pas moins épuisé. Je ne soupçonnais pas que l'histoire du peuple hébreu, et surtout de son destin, pût receler tant de complexités.

Que le récit biblique puisse être jugé insupportable – c'est ainsi que je le reçois et le ressens – et que ce peuple, en conséquence, puisse être victime de détestation se conçoivent aisément. Vivrais-je à son époque, je figurerais parmi ses ennemis les plus résolus. Toutefois, abordant l'époque charnière de la destruction de sa capitale, Jérusalem, et de son Temple, je ne puis me déprendre d'un sentiment double : saluer la mise au pas puis la défaite du « peuple élu », grand massacreur des autres peuples, mais également plaindre les milliers ou centaines de milliers de membres de ce peuple qui n'aspiraient qu'à vivre avec autrui, sans souhaiter imposer leur joug.

Même la guerre juive décrite par Flavius Josèphe interdit qu'il en soit donné une narration sommaire et commande un compte-rendu plus riche et plus complexe. J'en résume ci-dessous les traits. Pour le reste, je n'envisage d'autre réponse qu'un authentique et étincelant débat avec vous. J'entends : de vive voix.

Aussi, voici ma proposition : venez en Islande. Revenez me voir. Rien ne me ravirait autant que de renouveler les jours passés ensemble, après que vous eûtes affronté l'eau cristalline et tumultueuse de nos contrées sauvages, ce qui m'offrit l'opportunité de faire votre rencontre, de gagner votre amitié, mais davantage encore : d'élargir mon horizon, de quitter l'espèce de suffisance qu'une longue solitude et l'acquisition d'un savoir large mais lacunaire – autant sur le plan chronologique que conceptuel – m'avaient valu.

Je ne doute pas un instant d'avoir encore beaucoup à apprendre.

Le savoir, mon ami, j'en étais déjà persuadé depuis que j'avais dévoré les littératures grecque et romaine, est aussi infini que le ciel étoilé et les mondes que recèlent ses confins. Je suis convaincu qu'après que nous nous serons parlés j'aurai tant de choses à explorer ! Alors, je vous en prie, n'hésitez pas : venez ! Ce n'est qu'après avoir échangé convictions, connaissances et impressions que je serai en mesure de conclure mon analyse – définitive, car je n'entends pas retourner à ce pensum - de l'Ancien Testament.

Dans cette attente, mon ami, je vous salue.

*Eh bien, me dis-je, je m'attendais à tout, sauf à devoir entreprendre un nouveau voyage vers le nord de l'Europe. J'utilise l'infinitif, car il est évident qu'aussitôt la proposition de Sven parvenue à mon entendement, ma décision était prise : je partirais. L'amitié m'y disposait, mais également le plaisir que me procurerait une de ces disputes à l'antique, telle, par exemple, qu'il s'en déroulait autrefois à l'Université d'Oxford. Là, deux étudiants convoitant un titre de docteur se faisaient face, tandis que leurs juges, leurs condisciples, leurs rivaux et un public averti et passionné s'adonnaient à l'exaltation d'une joute érudite et verbale. Sven et moi nous passerions certes d'auditoire : nos échanges n'en seraient pas moins acharnés que dans l'hémicycle bondé d'un « College »[12].*

*Révisant mes notes et documents tout en préparant mes bagages, j'établissais déjà, en mon for intérieur, les arguments et contre-arguments de notre « disputatio » future.*

*Je quittai mon domicile un lundi matin très tôt. L'avion me propulsa jusqu'à Reykjavíkurflugvöllur, l'aéroport de la capitale islandaise. J'y passai une nuit agitée – je peinais à m'endormir – à l'hôtel Radisson Blu Saga. La ville de Reykjavik déployait à mes pieds l'océan de ses milliers de lumières, comme un salut au ciel nocturne, éclairé du vert tendre d'une aurore boréale. Un hélicoptère, affrété tout exprès pour moi par Sven, m'emmena en quelques heures auprès de lui.*

---

[12] J'adopte à dessein le mot anglais « College », allusif aux établissements d'enseignement constitutifs de l'Université d'Oxford.

*Je le trouvai légèrement amaigri. Ses paupières étaient rougies par des nuits sans doute passées à lire et étudier, ses mains quelque peu fébriles. J'en fus étonné et une inquiétude me saisit. « La lecture de l'Ancien Testament semble vous avoir éprouvé, mon pauvre ami. Je vous ai quitté calme et solide comme un arbre, je vous retrouve las et nerveux. Je me sens responsable puisque c'est à cause de moi que vous avez usé vos forces. »*

*Il rit de bon cœur. « Je ne suis ni usé ni nerveux. Il est vrai que vous sachant en route vers moi et n'ignorant pas quel redoutable disputeur vous faites, je me suis préparé du mieux que j'ai pu. Ne doutez pas, cependant, que notre pacifique duel achevé, je ne retourne à mes longs séjours au bord de la rivière et dans les bois, uniquement occupé de chasse, de pêche, de communion avec les oiseaux, puis, de retour dans ma paisible retraite, de lecture, de méditation et de repos. Je ne pouvais tout de même pas, vous le comprendrez, aborder l'étude que vous m'aviez conseillée sans la prendre au sérieux et m'y atteler totalement. »*

*Il me fit signe de le suivre dans la grande pièce qui servait de salle à manger, de salon, de salle de musique et de lecture tout à la fois. Un repas avait été apprêté. Nous nous assîmes et je fis honneur aux mets, simples mais délicieux, si éloignés des préparations agroalimentaires qui nous empoisonnent en Occident. Nous bavardâmes de choses familières et n'engageant point au débat. Ensuite, Sven m'ouvrit la porte de la pièce dans laquelle j'avais dormi lors de mon premier séjour.*

*« Vous devez avoir hâte de goûter au repos. Je vous laisse. Nous nous verrons demain, à l'heure du matin qui vous convient – lorsque vous vous réveillerez, en somme, - et nous organiserons notre joute. »*

*Je ne me fis pas prier et, lui souhaitant une bonne nuit, je me retirai.*

*Le lendemain, contrairement à ce qu'on eût imaginé, je m'éveillai tôt. Je me sentais dispos, mon sommeil ayant été réparateur comme il ne peut plus jamais l'être dans nos villes d'Europe noyées d'ondes et de vacarme. J'étais prêt, le petit déjeuner ayant achevé de m'épanouir, pour la tâche qui nous attendait.*

*La journée était ensoleillée. Sven proposa de nous installer sur la terrasse, d'y prendre nos aises et d'aborder le sujet en toute liberté. Dans un premier temps, du moins, car notre sens de la lutte disposerait sûrement ensuite des inclinations de nos facultés respectives.*

*Bien qu'anticipant un premier échange riche, intellectuellement exigeant, éprouvant, peut-être, j'étais submergé par une sensation de bien-être. Je l'attribuai à l'emplacement que nous occupions.*

*Que l'on se figure une terrasse de bonnes dimensions, dont le sol est constitué d'un parquet en bois de mélèze verni ; une balustrade de bois ajouré l'entoure, interrompue sur deux mètres par une ouverture donnant, grâce à cinq marches geignant légèrement sous le poids de celui qui les emprunte, sur un jardin potager somptueux. À gauche et à droite s'élèvent des bosquets dont les feuillages tanguent sous la caresse du vent, tandis que devant soi, à quelques dizaines de mètres, une échancrure laisse entrevoir une inclinaison menant au fleuve dont m'avait tiré Sven.*

*Nous étions confortablement assis dans des fauteuils rustiques, recouverts d'un feutre épais et agrémentés de coussins moelleux, protégés d'une averse éventuelle par un toit de bardeaux élégamment cloués se prolongeant d'une trentaine de centimètres au-delà de l'appui de la balustrade. Une petite table entre nos deux fauteuils était garnie de verres, d'une cruche d'eau claire, sans oublier une bouteille à col étroit contenant une eau de vie locale destinée à fouetter, à intervalles raisonnables, notre cerveau pour le cas où la conversation et les idées appelées à la nourrir viendraient à fléchir.*

*Nous finissions d'évoquer le cadre enchanteur dans lequel nous nous incrustions, ainsi que l'indulgence de la nature à notre égard, disposée à nous procurer tout le contentement du corps et de l'âme, quand, après un silence de quelques secondes, mon ami lança la « disputation ».*

*« Quel commentaire feriez-vous de mes remarques sur l'Ancien Testament ? » Cela débutait rondement, voilà qui n'était pas pour me déplaire.*

*« Mon Dieu, fis-je, j'ai pris à les lire un plaisir aussi indéniable que l'est leur violence. J'admets, je m'empresse de le préciser, que le contenu de l'Ancien Testament – et je n'y avais guère pris garde auparavant tant mon éducation chrétienne m'avait, dès l'enfance, habitué au vocabulaire et au ton qui l'habitent – est lui-même d'une violence parfois insoutenable et appelle en réaction une véhémence de même nature. Dans le même temps, une fois l'ardeur des assertions divines – j'entoure ce dernier mot de guillemets – apaisée, il est évident qu'une réflexion modérée par le souci d'être justes dans nos appréciations s'impose. »*

*Mon ami opina du chef, ses yeux tournés vers l'horizon d'un ciel au bleu doré par le soleil qui paraissait nous observer.*

*« Vous avez raison. N'oubliez pas, toutefois, que*

*j'abordais ce texte impréparé à ce qu'il véhicule d'exclusivisme et d'intolérance. Ses auteurs – car je ne crois pas un instant qu'il ait été dicté par un dieu quelconque – appartiennent à une civilisation qui n'est pas la mienne et qui ne pourrait jamais le devenir. Quelle prétention de leur part ! Comment ose-t-on se targuer d'avoir été choisi par une puissance inventée de toutes pièces afin de dominer les autres peuples de la terre d'une superbe que l'on s'attribue sans autre forme de procès ! Pour le peuple hébreu, il n'existe que deux entités humaines : les maîtres – qu'ils prétendent être – et les esclaves, c'est-à-dire ceux qui ne sont pas de leur "race" ! »*

« *C'est choquant, en effet, et leur exemple fut contagieux. Dès le XVIe siècle, les Anglais prétendirent disposer d'une légitimité semblable. Ils furent imités ensuite par les Américains, en majorité issus de leurs rangs, qui s'arrogèrent le titre de « nouveau peuple hébreu » et qui exterminèrent les Indiens, premiers habitants des terres du Nouveau Monde, au prétexte qu'ils étaient les créatures du démon – lisez à ce sujet les élucubrations d'un Cotton Mather, futur dirigeant de l'Université d'Harvard – et qu'il fallait ériger la nouvelle Jérusalem.* »

« *Comment expliquez-vous que ces deux peuples, l'anglais et l'américain, se soient crus autorisés à modeler ainsi par le meurtre un paysage qui ne leur appartenait pas ?* »

*Je souris amèrement, avant de répliquer.*

« *Parce qu'ils sont tout imbibés du message biblique ! Il faut savoir que le christianisme, né malheureusement du Livre, c'est-à-dire du désert, avait adopté, dans un premier temps, l'ensemble de l'héritage spirituel israélite. On doit à Paul de Tarse, converti fanatique mais néanmoins lucide, une séparation salutaire entre ce qui relève pleinement et uniquement du patrimoine religieux hébraïque, l'Ancien Testament, et ce qui nourrit la spiritualité chrétienne, le Nouveau Testament. Celui-ci, au fil des siècles, s'est européanisé, tempérant l'intolérance du message biblique par l'ouverture héritée des Grecs et surtout des Romains, mais également des Germains, étrangers au genre de prévention dogmatique colporté par la mentalité moyen-orientale. Le type de régime politique le plus naturel, car inhérent au fonctionnement de l'univers, la monarchie, allié à la religion chrétienne peu à peu adaptée à nos mœurs, sous la conduite d'une Église qui, au-delà des errances, des excès dont elle fut souvent coupable, sut démontrer ses capacités organisatrices et éducatrices, eut le mérite insigne d'offrir aux populations de nos contrées une unité intellectuelle, spirituelle et sociale qu'une catastrophe allait bientôt bouleverser.*

*Loin de moi la prétention d'affirmer que monarchie et christianisme de concert assurèrent à tous leurs sujets un paradis sur terre. L'ordre cosmique est fait de confrontations, de périodes alternant structurations florissantes et bouleversements chaotiques, de fulgurances créatrices et de conflagrations létales. Les relations humaines n'échappent évidemment pas à la dynamique qui est la règle générale dans l'univers. Mais enfin, les nations progressivement s'édifiaient, les guerres concernaient avant tout les classes supérieures, aristocratiques, en particulier, épargnant la plupart du temps les autres classes. Les gens, en fin de compte, se comprenaient. »*

*Depuis que j'avais prononcé le mot de « catastrophe », Sven manifestait sur son visage un étonnement qu'il ne cherchait pas à dissimuler.*

« Quelle est cette "catastrophe" que vous avez évoquée ? »

« Elle est d'un temps précis : le début du XVIe siècle, et porte un nom qui, pour les Européens héritiers de l'humanisme antique, rend un écho sinistre : la Réforme. Elle a de multiples causes, mais un facteur immédiat : un moine fanatique, dépassé par les événements qu'il avait lui-même déclenchés ; un Allemand du nom de Luther. Après lui vint pire que lui. Jean Calvin, notamment. La Réforme a un principe, un principe fondamentalement négatif : le retour à ce dont on pensait être libéré depuis Paul de Tarse : le retour irréfragable, intransigeant, absolu à l'Ancien Testament ; pour le plus grand malheur des peuples d'Europe. »

« Vous reconnaissez donc la nocuité de l'Ancien Testament ? »

« Je reconnais certainement que ce qui y est décrit est pour le moins préoccupant. J'admets sans détour que le dieu des Hébreux présente tous les caractères que vous mentionnez : jalousie, fureur, mensonge, cruauté, tromperie, iniquité, sadisme l'habitent tout entier. Son peuple, qui est à plaindre car sans cesse tourmenté, culpabilisé, châtié, induit en erreur, incité à massacrer – l'énumération pourrait se prolonger encore - ne connaît que la soumission absolue à une puissance qu'on l'enjoint par ailleurs à imposer au détriment des dieux, des croyances, de la foi des autres peuples. Mon jugement final n'est pourtant pas catégorique, pour la bonne raison que l'essentiel de ce que contient l'Ancien Testament est vraisemblablement fictif. »

Sven sursauta, l'air soulagé. « Ainsi vous ne croyez pas à l'historicité de ce texte sur bien des points abominable ? »

*J'hésitai, attentif à ne pas procéder par assertions sommaires, à faire prévaloir avant toute chose une objectivité qui fût la plus convenable possible.*

« *Je ne suis pas un spécialiste de la Bible. Ce Livre qui, à mesure que j'en ai subi, enfant puis adolescent, la leçon, m'est apparu ennuyeux et tonitruant, ensuite, devenu adulte et m'étant lancé dans l'étude des religions, singulièrement des religions juive, chrétienne et musulmane, me devint insupportable, je l'ai délaissé il y a bien longtemps. C'est après vous avoir engagé à le lire, étant donné son importance pour des milliards de gens à travers le monde, que j'ai entrepris de consulter les historiens à son sujet. De fait, la Genèse, représentation de l'origine du monde, des éléments, des choses, des êtres qui en font partie, est pure spéculation. Que l'on entende croire fermement qu'il s'agit là de la Vérité est du ressort de chacun, mais chacun est également libre d'y souscrire ou non. Tout ce qui relève de la foi doit pouvoir dépendre du libre-arbitre personnel. Forcer quelqu'un à croire est une abomination, de même que prétendre que ce à quoi l'on croit n'a pas à être disputé mais doit faire l'objet d'une adhésion inconditionnelle sous peine de châtiment. Or, Islam et Judaïsme revendiquent pour leur foi une exclusivité inadmissible ; l'Islam étant le corpus religieux le plus dangereux puisqu'il préconise la guerre sainte par laquelle sa foi sera imposée à toute la terre sous peine de mort.* »

« *Là, de toute évidence, est une vision du monde qui a été imaginée et que l'on est en droit d'accepter ou non, mais pour ce qui est des chapitres déclinant le parcours du peuple hébreu ?* »

« *Là, l'élément mythique triomphe. Que les personnages principaux – Abraham, Jacob, Moïse, David, Salomon – aient ou non existé n'a qu'une importance relative. Pour le croyant, ils ont incontestablement vécu et leurs actes sont édifiants. Pour le non croyant, ils participent d'un récit qu'on est en droit de réfuter tout en y voyant un conte, une légende qui enchante ou répugne. »*

*« Vous serez donc de mon avis : la véracité du récit ou son invraisemblance compte peu. Ce qui importe avant tout est l'état d'esprit qu'il expose, lequel est, pour nous autres Européens fiers de notre héritage philosophique, politique, historique, rebutant au plus haut point. »*

*« Oui, dis-je après avoir pris la peine d'adapter à ma réponse les mots qui traduiraient le plus exactement ma pensée, la vue du monde, la ''weltanschauung'' que ce récit déploie n'a aucun rapport, ou du moins fort peu, avec la nôtre. C'est pourquoi la Réforme fut si regrettable et constitue une trahison de notre substance même d'Européens. Les querelles entre royaumes, principautés, empires sur le territoire de l'Europe, tout en s'apportant mutuellement bien des calamités, ne mettaient pas en péril leur cohésion politique et sociale. Dès la proclamation de la Réforme et les conversions qui suivirent, les royaumes, les principautés, les empires rompirent l'accord qui voulait que la foi du roi, du prince, de l'empereur fût aussi celle de leurs sujets, mettant ainsi la discorde à l'intérieur des nations et jusque dans le cœur des gens et des familles. Les guerres de religion qui s'ensuivirent furent à la mesure de la haine que suscitent contre les hétérodoxes les religions intolérantes et impérialistes. La guerre, dès cette époque, amplifia son caractère abominable, sanglant et général. Elle ne concerna plus seulement les militaires, mais entraîna dans ses ravages hommes, femmes, vieillards, enfants, avec une cruauté qui avait rarement contaminé notre civilisation. L'esprit de l'Ancien Testament avait empoisonné nos âmes. »*

« *Votre reproche – que je partage – est donc que l'Ancien Testament convient au peuple hébreu tel qu'il est décrit dans la Bible (peut-être n'est-ce pas là toute sa réalité), mais constitue pour les autres, notamment pour nous, Européens, nourris de la liberté de pensée et de croyance de nos ancêtres grecs et romains, un ferment de division et de haine ?* »

« *On peut l'exprimer ainsi, oui. Mais des nuances s'imposent. Les sectes – car c'en était – protestantes eurent leurs modérés, tout comme elles eurent leurs extrémistes. À l'image des zélotes juifs, fanatiques, guerriers, qui, à Massada, préférèrent tous se suicider plutôt que de se rendre aux soldats de Titus, en 74, les protestants (autre nom des réformés) eurent bientôt – et ont encore – leurs extrémistes : les Puritains. D'eux vinrent les malheurs les plus considérables. Ils voguèrent par centaines, puis par milliers vers le continent américain, et là-bas ils établirent une nation que le roi de France, homme de grande intelligence mais en l'occurrence aussi naïf qu'inconscient, aidera à naître, pour la plus grande misère, la ruine la plus épouvantable des autres nations. Il s'agissait de faire obstacles aux visées des Anglais, mais cette courte vue coûta cher au monde.* »

« *Revenons un instant au peuple hébreu, si vous le voulez bien. Que retenir de mauvais, voire de pernicieux, du récit biblique, même s'il relève souvent du mythe et non de la réalité, même si, davantage que des faits historiques, il traduit une mentalité ?* »

« *Ce qu'il recèle de mythique, précisément. Le mythique, fondateur de groupes, de nations, de peuples, et porteur de potentialités indéracinables, peut avoir des conséquences aussi tragiques qu'admirables. Prenez le cas de Guillaume Tell, dont la perception par les non helvétiques est loin d'être hostile : la Suisse en a tiré le germe de la liberté. Germe, malheureusement, qui, sous l'influence du phénomène calculé, planifié du mondialisme, est en train de s'effilocher. La mythologie hébraïque, en revanche, est source de férocité et d'exécration depuis des millénaires. Dès l'instant où ce peuple, ou plus vraisemblablement une minorité agissante parmi les membres de ce peuple, prend au pied de la lettre la promesse virtuelle de son dieu à Abraham de lui donner une terre qui n'est pas la sienne, celle de Canaan – mythique, elle aussi – et ce en tant que « possession éternelle » pour lui et ses descendants, le poison est dans le fruit. Qu'un nombre suffisant parmi les descendants des Hébreux y croient et c'est la porte ouverte à une guerre perpétuelle et sanglante. »*

*Sven opina ; il poursuivit.*

*« Les Israélites sont censés avoir été exilés par les Romains. Ils revendiquent – du moins les plus déterminés d'entre eux – un droit au retour vers leur « terre promise », deux mille ans après en avoir été chassés. Ont-ils raison de s'accrocher à ce désir ? »*

*Je réfléchis quelques secondes avant de répondre.*

*« Vous savez, mon ami, j'ai pitié de ces Juifs souvent séparés des non-Juifs par leur propre faute. C'est leur dieu qui les y pousse, dès lors qu'il les accable d'une malédiction qui a nom ''élection''. »*

*« Je crois comprendre à quoi vous faites allusion. »*

*« Soyons réalistes, continuai-je, en même temps que sans préjugé. La malédiction du peuple juif a déjà été maintes fois soulignée, et souvent par des Juifs. La*

*philosophe Simone Weil, femme juive sincère, a suscité la haine de beaucoup de ses coreligionnaires en rappelant que "les Hébreux n'ont presque fait qu'exterminer, du moins avant la destruction de Jérusalem" et que "conduits par Josué, ils purent massacrer sans peine des populations sans défenseur". La cruauté du dieu de l'Ancien Testament lui apparaît comme une évidence. Comme nous, elle dénonce la vision de "peuple élu" des Hébreux et de leurs descendants. À l'objection de certains selon laquelle si l'on peut admettre qu'ils sont le peuple élu parce que le Christ est né parmi eux, ils le sont également pour d'autre raisons, dès lors que l'on reconnaît que Moïse, sur le mont Sinaï, a reçu une révélation divine lui conférant une mission qui élève les siens au-dessus des autres nations. C'est que justement, qui, sinon une minorité des habitants de la planète, reconnaît à la fois la "révélation" du Sinaï, le rôle auguste de Moïse (dans l'hypothèse qu'il ait bel et bien existé tel que la tradition le présente) et la mission impartie au peuple d'Israël ? Ce sont là de sérieuses raisons pour douter de la supériorité intrinsèque du peuple choisi par le dieu furieux de la Genèse. Comme Paul de Tarse, Simone Weil conseille de "purger le christianisme de l'héritage d'Israël", en quoi elle a raison et rejoint les certitudes de millions d'entre les "gentils". On lui en a voulu parce qu'elle porte aux nues l'Iliade, qu'elle juge bien supérieur aux livres de l'Ancien Testament. Pour nous, Européens, cela est – ou devrait être, en ces temps de décadence européenne - une évidence. Préférer l'Ancien Testament à l'Iliade, c'est sacrifier ce que nous sommes, nos racines, notre vue du monde à des racines et à une cosmologie aliénantes, au sens où elle nous prive de nous-mêmes. Préférer l'Iliade à l'Ancien Testament, au contraire, c'est rentrer au port après un voyage en territoire hostile où plus rien de ce que nous sommes n'est reconnaissable.*

*La prétention d'être le peuple élu est pour les Juifs une*

*malédiction, car elle les écarte à tout jamais des autres. C'est en cela surtout que j'éprouve pour eux de la compassion. Que les plus radicaux d'entre eux se conforment à cette image et s'en trouvent bien par orgueil et/ou par conviction ne me dérange pas. Que la majorité de leurs coreligionnaires, moins fanatisés, aient à porter un pareil fardeau me désole et m'attriste. J'ai tant connu de Juifs qui, sincèrement, se sentaient français, suisses, italiens, chiliens, anglais, pakistanais et qui, de surcroît, manifestaient un comportement exemplaire qu'il m'est insupportable de songer qu'on les sépare mentalement des autres Français, Suisses, Italiens, Chiliens, Anglais, Pakistanais parce que le rôle de peuple élu qui leur échoit à cause d'un texte vieux de plusieurs millénaires leur colle à la peau.*

*Dans la petite ville où je réside, des hommes, des femmes, tous juifs parmi les meilleurs, se sont signalés et continuent à le faire par leur générosité, leur bonté, leur ouverture à l'autre, leur disponibilité, sans ostentation ni hypocrisie. Tel médecin, qui fut aussi le mien lorsque j'étais jeune, soignait gratuitement les moins fortunés ; tel restaurateur nourrissait pour rien les clochards et les nécessiteux, discrètement, à l'heure où les citoyens "normaux" sont occupés à travailler ou à regarder ailleurs ; tel commerçant livrait des draps, des couvertures, des vêtements chauds à ceux dont le Christ dit qu'ils sont nus et que le devoir d'un chrétien – nous dirions d'un humaniste, d'un honnête homme – est de les vêtir ; tel personnage de radio, au temps où la télévision n'abondait pas dans les foyers, se démenait quotidiennement afin de récolter des fonds pour "la chaîne du bonheur", fonds qui revenaient d'évidence à ceux dont il sauvait la vie. Ma fille aînée, durant ses études universitaires, malmenée – sans que j'en fusse averti – par les "amis" chez qui elle logeait, fut accueillie chaque fin de semaine par la famille juive de* sa meilleure camarade comme l'on accueille et entoure d'affection son propre enfant.

Vous avez là, mon cher ami, l'une des principales raisons de ma compassion pour les Juifs. D'autant que l'opprobre qui est souvent leur lot les confine à la fonction de repoussoir. Dans The Merchant of Venice, Shakespeare, bien qu'il fasse de Shylock une personnalité complexe et parfois ambiguë, perpétue avec lui le portrait traditionnel du Juif perçu comme éternel usurier. Si Shylock exige d'Antonio, en cas de non remboursement de la somme qu'il consent à lui prêter, *"an equal pound of [his] fair flesh, to be cut off and taken in what part of [his] body pleaseth [him]"*, c'est par vengeance pour son mépris et le mépris de ses compatriotes pour ce Juif avide de profit, impitoyable et ennemi des chrétiens : *"I hate him for he is a Christian ; but more for that in low simplicity, he lends out money gratis and brings down the rate of usance"* s'exclame Shylock. Ainsi le Juif demeure celui qui, à l'image des siens, ne pardonne pas aux chrétiens d'avoir confondu un Messie de substitution avec le vrai Messie que le peuple d'Israël attend encore. Il ne lui pardonne pas d'être mis au ban de la société européenne, d'être considéré comme un *"chien"*, tout juste bon à pratiquer l'usure. Il ne lui pardonne surtout pas de pratiquer l'économie du don (il prête de l'argent sans exiger d'intérêt), au détriment de l'économie d'usure dénoncée par Aristote, par Thomas d'Aquin, et par conséquent par l'Église chrétienne. »

Sven m'écoutait sans piper mot. Mes paroles pleuvaient sur lui comme des giboulées de printemps. Enfin, après un court silence, il se ressaisit.

« J'ai besoin d'un répit, mon cher ami, pour digérer votre discours. Votre talent oratoire produit sur moi un effet *que j'aurais mauvaise grâce à ne pas confesser. Il me semble que les images terribles de l'Ancien Testament, ce livre de sang et de désespoir, s'affaiblissent, deviennent floues, et je ressens pour ce pauvre peuple juif – car c'est ainsi qu'il convient, par commodité, d'appeler désormais mes Hébreux et mes Israélites – une commisération voisine de la vôtre. Après tout, ces terribles écrits qui m'ont occupé durant tant de semaines et ont fini par intoxiquer mon esprit et mes sens ainsi que le ferait une substance maléfique que l'on m'aurait inoculée, qu'en sait-on vraiment ? S'ils n'étaient pour l'essentiel qu'une œuvre littéraire et non historique, destinée certes à frapper les esprits d'un peuple, à lui faire suivre une route particulière, une destinée unique, mais qui, finalement, ne l'en rend pas détestable pour autant ? »*

*Il fit mine de se lever de son siège, mais je l'arrêtai d'un geste.*

*« Un instant encore, dis-je, je tiens à ajouter une réflexion à la méditation que vous comptez entreprendre. Que le récit du Pentateuque soit en grande partie mythique et n'ait pas grande réalité historique est aujourd'hui admis par les chercheurs sérieux et honnêtes de toute nationalité, y compris juifs. Je propose que nous ne nous y attardions pas davantage. Nous avons à peu près tout dit de l'abomination du dieu d'Israël, mais également de ses dirigeants – le peuple, lui, ne différait guère de ce qu'est la masse d'aujourd'hui dans nos pays prétendument démocratiques : un troupeau que les Panurges qui les mènent ne peuvent que regarder en riant se ranger derrière le premier démagogue venu – ils pullulent dans les partis politiques, les parlements, les gouvernements issus des urnes, parmi les journalistes, les écrivains au goût du jour, les intellectuels agréés, les saltimbanques de salon – et se jeter, après qu'il s'est dérobé à leur adulation, dans le*

*gouffre qui bée au-dessous d'eux.*

*Nous en savons un peu plus sur le peuple juif réparti en deux royaumes à la mort de Salomon, car là, l'essentiel est inscrit dans l'Histoire. De ce qu'il est advenu de ces royaumes au temps de Babylone, nous avons parlé. Résumons-nous donc, une fois pour toutes, avant de nous abandonner au repos. Nous verrons alors que le peuple juif ne fut pas toujours aussi sanguinaire que l'Ancien Testament cherche à nous le faire accroire.*

*Entre la fin du Xe siècle avant notre ère, qui vit la fondation des deux royaumes d'Israël et de Juda, et le VIe siècle, au cours duquel interviennent la destruction de Jérusalem (en 587) et la déportation des élites, émergent au sein de ce peuple trois mythes, dont deux sont fondateurs et dont les répercutions se prolongent de nos jours encore.*

*Le premier, né de la disparition du Temple, procède de la prise de conscience, au sein des familles et des communautés, que la foi en un dieu unique, souverain du monde et seul maître de tous les hommes, peut faire l'objet d'un culte privé, hors de l'institution du Temple dès lors que celui-ci n'existe plus.*

*Le deuxième implique la nécessité de restaurer le royaume de David, ce qu'entreprend de réaliser plus tard par la force la dynastie des hasmonéens. Appuyée sur la conviction qu'exprime le premier livre des Maccabées, – ''Ce n'est pas une terre étrangère que nous avons prise, ni la propriété d'autrui que nous conservons, mais bien l'héritage de nos pères, injustement usurpé pendant quelque temps par nos ennemis. Le temps est venu pour nous de le revendiquer.'' (33-34) – l'entreprise, théorique, représente un premier essai d'édification d'un Grand*

*Israël[13].*

*Le troisième mythe, enfin, est celui de l'exil. Les populations – en fait, les classes supérieures juives – emmenées dans l'empire babylonien, puis la minorité expulsée par les Romains (seuls de minuscules périmètres, notamment autour de Jérusalem, sont concernés), cultivent l'idée d'un exil que Dieu impose à son peuple, exil dont il reviendra, une fois ses péchés expiés.*

*Le paradoxe est ici frappant. D'un côté, nous avons un peuple dont les éléments archéologiques rassemblés depuis des siècles semblent démontrer qu'il a cohabité pendant des siècles avec d'autres populations (les Philistins, par exemple) ; d'un autre côté, ce même peuple traduit dans un texte essentiel mais en grande partie fictionnel un comportement intolérant, sanguinaire, cruel et dominateur. Ce texte, l'Ancien Testament, le hante au point de susciter dans sa mémoire collective les trois traditions de l'élection divine, de l'exil et de la restauration du Temple à Jérusalem. Or, si l'on admet avec les savants, juifs et non juifs, (historiens, archéologues, scientifiques divers) que le texte biblique décrit dans l'ensemble une fable et que l'exil n'a jamais été effectif, il en résulte qu'aucun royaume de David n'est à restaurer, dans la mesure où son existence même apparaît fort improbable. »*

*Sven, qui me prêtait toute son attention, rebondissant sur ma dernière assertion, en profita pour intervenir.*

*« J'ai retiré de mes lectures qu'en effet la certitude*

---

[13] Le projet ne s'arrête pas là, ainsi que le démontre Pierre Hillard dans son magnifique *Atlas du mondialisme*, éditions Le retour aux sources, 2017.

*d'une légitimité à recouvrer leur "royaume" non seulement occupait toute entier l'esprit des descendants des Hébreux – si tant est qu'ils aient des descendants – mais que pour peu qu'ils mettent en pratique cette exigence, les conséquences pourraient en être, sinon tragiques, du moins fâcheuses, pour le reste du monde. Mais est-on sûr que l'exil, par exemple, fut extrêmement limité ? »*

*« Pratiquement oui. Les traces archéologiques découvertes sur place tendent à démontrer qu'une fois Jérusalem abandonnée, puis interdite aux Juifs par les Romains, la plupart des habitants se sont installés à proximité. La région, d'ailleurs, connut un développement et une prospérité qui contredisent l'hypothèse de départs nombreux. L'archéologue Ygael Yadim, ancien officier de l'armée israélienne actuelle, à qui fut confiée la mission de découvrir des preuves justifiant l'occupation des terres appartenant depuis deux millénaires aux Palestiniens, fit moisson d'éléments et d'indices légitimant l'inverse de ce qu'on attendait de lui. Aucune preuve convaincante ne fut en effet trouvée d'expulsions massives de la part des Romains. Ceux-ci avaient au contraire tout intérêt à garder sur place l'essentiel de la population. Ils avaient coutume de conserver dans leur habitat premier et naturel les peuples qu'ils conquéraient. Qui, sinon, se serait chargé d'y développer le commerce, l'économie, l'agriculture ? Que l'on obéît au vainqueur, voilà tout ce que l'occupant romain exigeait. Tout le reste – administration locale, coutumes, mœurs et surtout religion – était libre entre les mains des autochtones.*

*Flavius Josèphe, qui a laissé une somme fort utile sur les guerres juives qu'il a vécues de l'intérieur, ne fait aucune allusion à un éventuel exil. Des Juifs étaient installés un peu partout, il est vrai, depuis au moins le IIe siècle avant Jésus-Christ ; des esclaves juifs étaient employés par les Romains, mais aussi par d'autres peuples. Le nombre total était toutefois, sinon insignifiant, du moins éloigné de toute notion d'exil massif. La cité de Sephoris (ou Sepphoris), où l'on a découvert les vestiges d'un temple et de bains romains, illustre à la fois le peu de crédit qu'il convient d'accorder à l'idée d'exil et l'ouverture vers d'autres cultures, d'autres mœurs de la partie la plus importante de la population juive. Les plus fermés appartenaient aux classes riches, les grands prêtres du Temple, par exemple, enrichis grâce aux dons des fidèles. Ceux-là n'avaient aucun intérêt à tolérer d'autres cultures et d'autres peuples.*

*En réalité, ce sont les premiers chrétiens qui ont répandu le mythe de l'exil, mythe qui a nourri ensuite l'imaginaire juif. Mêlé aux précédents assyrien et babylonien, il s'est amplifié jusqu'à construire l'idée d'une malédiction affligeant le peuple d'Israël. Après la destruction du Temple de Jérusalem intervint une séparation entre chrétiens et Juifs. Les premiers gagnèrent Rome, où ils s'établirent en tant qu'alternative au monothéisme juif, les seconds partirent, soi-disant, vers un exil sans fin. La cathédrale de Strasbourg illustre cette conviction chrétienne. Deux statues y représentent la victoire du christianisme. Celle de gauche a les yeux bandés ; elle tient une lance brisée et sa tête est découronnée : c'est la synagogue vaincue. Celle de droite a tous les attributs de la puissance : c'est l'Église chrétienne victorieuse. Le mythe du juif errant prend naissance à peu près au premier siècle après Jésus-Christ. Le Juif expie son péché : la crucifixion du Christ ; mais également un second péché : la mésentente entre Juifs, ainsi que l'ont démontrée les rivalités entre les chefs de l'insurrection contre Rome. »*

*« Si je vous entends bien, ce que j'ai lu du retour*

d'Israël en Palestine, en 1948 est exact ? Ce sont les descendants des Hébreux établis sur leur terre ? »

« Je vous arrête tout de suite, car le cas est non seulement complexe mais comporte un insurmontable danger. »

Je vis Sven hausser les épaules.

« Danger ? Je ne vous suis pas. » Mon visage s'assombrit malgré moi.

« Les Juifs les plus fanatiques ou, pour user d'un euphémisme, les plus déterminés, ont donné naissance à un mouvement, le sionisme, auquel s'opposent nombre de Juifs, notamment parmi les plus croyants. Si Dieu a condamné son peuple à une errance éternelle en punition de ses fautes, il ne saurait être question de son retour à Canaan, c'est-à-dire en terre d'Israël. En Israël même et ailleurs dans la diaspora, des historiens, des chercheurs juifs s'élèvent contre une telle prétention. Là où des Arabes palestiniens ou juifs vivent depuis des générations, probablement même depuis 1800 ans, les sionistes du XXe siècle ont fait irruption, chassant tout le monde, détruisant les villages, les habitations, tuant, égorgeant, blessant ceux qui résistaient ou refusaient de partir. Il est des localités où le souvenir des traditions juives avait été préservé et honoré par les Arabes qui y vivaient. Un village a été découvert où la tombe d'un rabbin continue à être vénérée par les Palestiniens qui habitent à proximité. Ils en ont reçu belle récompense.

Les historiens juifs honnêtes reconnaissent que les Israéliens d'aujourd'hui sont coupables d'une double faute : l'occupation d'une terre à laquelle ils n'ont aucun droit et la colonisation de terres qui avaient été attribuées *aux premiers habitants, les Palestiniens, par les accords agréés par l'ONU. Tous ces historiens admettent qu'il n'est pas possible de revenir en arrière. S'y résoudre, outre que cela impliquerait l'emploi immodéré de la force militaire, créerait une catastrophe sans précédent : toute une population juive expulsée, avec les malheurs et les tragédies afférents, une population dont on ne saurait que faire. Le professeur et historien israélien Shlomo Sand, soulignant qu'aucun document, aucun livre, aucune recherche n'existent, à sa connaissance, prouvant l'exil du peuple juif, n'a aucun doute quant à l'illégitimité de l'occupation israélienne en terre palestinienne. Il est secondé en cela par l'un des premiers présidents de la nation israélienne, Ben Gourion. Celui-ci déclara à un proche : "Pourquoi les Arabes feraient-ils la paix ? Si j'étais, moi, un leader arabe, jamais je ne signerais avec Israël. C'est normal : nous avons pris leur pays [...]. Ils ne voient qu'une chose : nous sommes venus et nous avons volé leur pays. Pourquoi l'accepteraient-ils ?"*

*Les paroles de Ben Gourion confirment que le vol de la terre palestinienne, en 1948, procède bien d'une opération "voulue, pensée, planifiée, systématisée, et se poursuit depuis trente-cinq ans"[14]. L'unique et sage solution serait, comme l'affirme Shlomo Sand, qu'Israël change.* »

*Fronçant les sourcils, Sven demanda :*

« *Comment voyez-vous ce changement ?* » Je rétorquai avec une certaine chaleur :

---

[14] Albert de Pury, professeur et doyen de la Faculté de théologie de l'Université de Genève.

« Ce n'est pas moi qui le vois, c'est le professeur Sand. Changer, cela signifie qu'Israël doit abandonner sa loi qui fait de l'État d'Israël un État juif et la remplacer par un État israélien acceptant que tous ses citoyens, juifs et non juifs, aient même statut et mêmes droits. Mais cela ne suffirait pas. »

« Que manquerait-il ? »

« L'abandon par Israël et le peuple juif dans son ensemble de sa prétention à être ce que Sand nomme un "peuple-race" ; en d'autres termes un peuple "élu", distinct de tous les autres peuples de la terre, et dès lors supérieur, doté de tous les talents, de tous les droits, y compris celui d'exterminer les autres. »

« Vous avez raison, fit Sven avec conviction. Qui donc regarderait avec indulgence un voisin disant : "Dieu m'a distingué parmi les hommes. Je suis d'une race à part, appelée à dominer, et vous devez m'obéir" ? Un tel personnage serait sur le champ exclu et haï. »

« Exactement. Voilà pourquoi le peuple juif, peuple d'élite, ainsi que l'a justement déclaré un jour le général de Gaulle, mérite infiniment mieux que la détestation dont il est la victime depuis des millénaires. Il est tant de Juifs humainement grands et dignes d'estimes, généreux et modestes, altruistes et pacifiques, que les plus intransigeants à croire et à prétendre être désignés pour diriger le monde desservent leurs autres coreligionnaires. »

Sven se détendit. Notre échange l'avait quelque peu crispé.

« En somme, dit-il, il serait sage de notre part de distinguer entre une quasi légende sanguinaire, l'Ancien Testament, et la réalité d'un peuple qui a droit à une *certaine admiration ? »*

*Me levant de mon siège, je conclus :*

*« Je ne saurais mieux dire, mon cher ami. »*

# XII

*Mon ami Sven m'offrit de demeurer chez lui jusqu'à ce que je fusse reposé, c'est-à-dire le temps qu'il me plairait.*

*« Ma maison et mon petit domaine sont à votre disposition, vous êtes ici chez vous ».*

*La perspective de m'isoler du monde dans ce cadre à la fois rustique et enchanteur, dans cet écrin de nature, dans la compagnie reposante de cet homme calme, aux mœurs et à l'esprit sains, cultivant un sens de l'amitié rarissime, jamais pesant, à la conversation enrichissante, ne confinant jamais à la facilité du bavardage me séduisit. Sven, que son étude de l'Ancien Testament et nos exigeants échanges avaient fatigué, recouvrit en deux jours toute sa vigueur.*

*Nos nuits étaient livrées à un sommeil toujours réparateur, nos jours à la chasse, à la pêche, à la lecture, à de longues marches dans les bois ou le long du fleuve. Nos repas étaient frugaux mais délicieux. Nous mangions les poissons que vous avions pêchés, le gibier que nous avions tué, des légumes, des fruits cultivés dans le jardin potager du domaine. Le blé de nos pâtes, de notre pain, que Sven fabriquait lui-même, il l'obtenait d'un fermier, à quelques centaines de mètres de chez lui, en échange des produits de sa pêche et de ses chasses. La qualité de nos victuailles était parfaite, sans commune mesure avec les souillures de l'industrie agroalimentaire qui, partout, empoisonnent peu à peu et délibérément les citoyens des classes non privilégiées, victimes du mondialisme.*

*Et puis, miracle de nos relations, nous parlions ce latin que nous révérions tous les deux. Les anciens Romains se fussent probablement moqués de nous, mais comme il n'en était plus aujourd'hui qui pussent être témoins de nos maladresses, nous nous sentions libres d'exercer nos modestes talents. Aussitôt les inévitables adaptations effectuées concernant notre accent, notre syntaxe, notre vocabulaire, nous devisions librement et avec jubilation dans cette langue non pas morte mais en sommeil. Sven tenta bien de m'inculquer quelques notions d'islandais, mais la difficulté de la prononciation me découragea rapidement. Je lui soufflai quelques bribes de français, mais nous dûmes constater que cela nous faisait perdre des moments précieux.*

*Enfin, le jour arriva où je ne pus reculer davantage mon départ. Je devais gagner ma vie, mes vacances touchaient à leur fin, il était temps de prendre congé.*

*Sven tint à m'accompagner jusqu'au lieu où l'hélicoptère m'attendait pour me ramener à l'aéroport. La dernière image que j'eus de mon ami ne me quittera qu'à ma mort. Il était campé sur ses deux jambes dans l'herbe que la rotation des pâles agitait, son corps robuste et musclé rayonnant de solidité ; son visage hâlé mettait en valeur ses yeux d'un bleu minéral exprimant, de même que son menton volontaire, la détermination tonique et sans faille de son esprit.*

*Tandis que je lui tendais la main pour une ultime poignée dans laquelle j'entendais mettre toute ma reconnaissance et toute mon amitié, il me dit d'une voix forte :*

« *Comment qualifieriez-vous le travail que nous avons accompli depuis plusieurs mois ?* »

*Je pesai soigneusement ma réponse.*

« *Voyez-vous, finis-je par dire, je crois que nous avons agi un peu à la manière de Ricas et d'Usbeks contemporains.* »

*À la façon dont il éleva un sourcil, je compris que ces noms ne lui disaient rien.*

« *Ce sont des personnages de notre littérature française, il est donc naturel que vous ne les connaissiez pas. Un auteur du XVIIIe siècle, Montesquieu, les a créés dans un roman épistolaire intitulé* Lettres persanes. *Il y met en scène deux personnages venus de Perse, l'Iran actuel, analysant la société française un peu comme vous avez analysé l'Ancien Testament : sans préjugé, sans rien en connaître d'avance : Martiens égarés sur notre terre et l'observant en scientifique courbé sur son microscope. Comme Usbek, vous êtes un philosophe, mais un philosophe libre de ce jargon et de cette pédanterie tissés par l'université, destinés à tenir le néophyte à distance, à lui interdire toute argumentation contraire à la doxa officielle. Comme Usbek, vous êtes un misanthrope mélancolique et lucide – je le suis devenu, moi aussi, - jouissant d'une totale indépendance d'esprit, indifférent à quelque obstacle que ce soit qui fût imposé par quiconque entendrait brimer votre réflexion. Intellectuellement, vous êtes non seulement brillant – là, vous avez des concurrents un peu partout – mais d'une honnêteté absolue, ce qui est aussi rare qu'un diamant de l'eau la plus pure. En cela, la vie ailleurs que dans votre retraite serait périlleuse pour vous, tant la terreur intellectuelle qui a cours dans nos pays d'Occident, résurgence de la mentalité révolutionnaire de 1793, sévit, blâme, détruit ou réduit au silence. »*

Sven sourit.

« *Mais vous-même, quel genre de Rica seriez-vous ?* »

*J'allais détailler ma réponse, mais un signe du pilote m'apprit que nous devions gagner l'aéroport de Reykjavik.*

« *Je suis à la torture de ne pouvoir vous répondre plus longuement. Disons simplement que j'aurai été un incitateur, plus qu'un analyste, l'étincelle qui aura enflammé votre intelligence en désignant à votre sagacité incorruptible et consciencieuse une œuvre antique qui détermine aujourd'hui plus que jamais des pensées, des comportements dont les conséquences ne sont ni minces ni innocentes. Pour résumer, je dirai que je suis un dilettante de la culture et de la réflexion.* »

*Me serrant la main avec sa vigueur habituelle, Sven conclut :*

« *En tout cas, vous n'êtes pas un dilettante de l'amitié.* »

*Je joignis ma maigre force à la sienne dans un mouvement du cœur sincère et loyal.*

« *Venez me voir en France ou en Suisse, puisque je vis tantôt dans l'un et tantôt dans l'autre de ces pays.* »

*Il secoua la tête.*

*« Je ne supporterais jamais de quitter ma contrée. C'est ici mon royaume, loin des hommes et de leur train, loin des tumultes de la vie moderne, loin des tromperies, des tractations mesquines et hypocrites de ce qu'on appelle la politique. De mes lectures et de votre fréquentation, j'ai appris en quoi consiste cette démocratie dont on nous rebat les oreilles. Elle me dégoûte. Les personnages qui hantent cette mauvaise pièce de théâtre qu'est le jeu politique ne sont que des clowns médiocres qui ne font rire que les gens de leur espèce et les naïfs qui croient encore qu'ils agissent pour le bien commun. »*

*Je dus admettre qu'il n'avait pas tort.*

*« Je suis assez de votre avis, dis-je. Alors ... »* Me *montrant le pilote qui s'impatientait, il fit :*

*« Alors, continuons nos échanges épistolaires. Une lettre a l'avantage de produire un discours auquel on recourt à volonté, à loisir. Il ne s'efface jamais, on peut le lire et le relire sans cesse, en examiner les arcanes, en soupeser les arguments, en contempler la teneur, laquelle se modifie, se nuance selon les heures du jour ou de la nuit, les circonstances, le contexte dans lesquels nous l'appréhendons. Surtout, la voix de celui qui vous écrit est toujours présente. C'est là le plus beau et le plus précieux cadeau qu'offre la véritable amitié. »*

*Tandis que l'hélicoptère m'emmenait loin de mon ami Sven, je songeais, le cœur serré, que je ne le reverrais sans doute plus. Sacha Guitry n'a-t-il pas affirmé cette vérité si cruelle mais consolante : « Il y a de par le monde des endroits merveilleux où il vaut mieux ne pas retourner, d'admirables tableaux qu'il vaut mieux ne pas revoir et des livres si beaux qu'il vaut mieux ne pas les relire ».*

*N'y a-t-il pas également des amitiés si parfaites, si irremplaçables, si inattendues qu'il vaut mieux en garder l'essence au fond de son âme, sans songer à contempler en chair et en os les personnages si rares de qui elles émanent ?*

# Remerciements

Nombreux sont les auteurs à qui je suis redevable, qu'il s'agisse de livres, de magazines, d'études spécifiques, d'articles, etc. Sans compter les documents et manuscrits qu'il n'est pas indispensable de mentionner ici, le récit ci-dessus n'étant pas une thèse universitaire.

Je remercie particulièrement et avec reconnaissance Laurent Guyénot, dont les ouvrages fouillés, érudits, la démarche intellectuelle rigoureuse et d'une grande honnêteté m'ont fourni un matériau essentiel.

Je lui exprime en outre ma profonde gratitude pour la préface qu'il a bien voulu consacrer à mon livre, ainsi que pour sa conclusion, si flatteuse à mon égard que le papier sur lequel j'écris est bien près de rougir.

# Éditions Le Retour aux sources

www.leretourauxsources.com

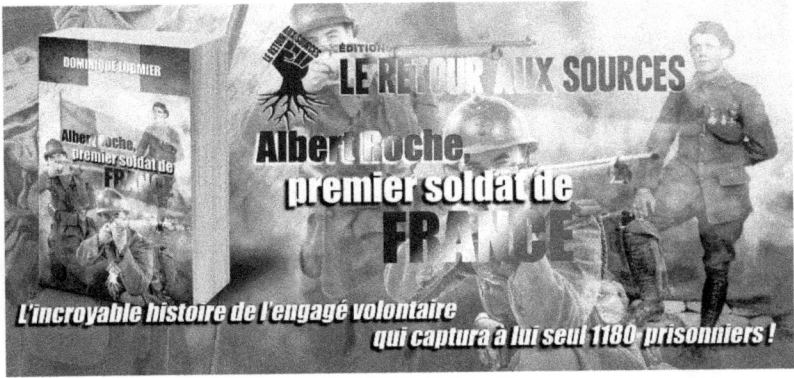

www.ingramcontent.com/pod-product-compliance
Lightning Source LLC
Chambersburg PA
CBHW051049160426
43193CB00010B/1121